Impressum

© 2013 compassion media
ISBN 978-3-9814621-5-9
2. Auflage 2013
gedruckt auf Recyclingpapier (aus 100 % Altpapier) mit mineralölfreien Farben

compassion media
a division of roots of compassion eG
Friedensstr. 7
48145 Münster
www.compassionmedia.org
info@compassionmedia.org

Design / Layout: marcpierschel.org
Lektorat / Korrektorat: Michaela Becker, Alexander Bulk
Druck: Interpress, Budapest
Bildnachweis: S. 138 - bjoernlexiusphotography.com
Coverzeichnung: Andi Knospe - homelessindustries.de

Das **Rock 'n' Roll-** *Veganer* Kochbuch

Jerome Eckmeier

Inhaltsverzeichnis

Vorwort

Längst hat die Veggie-Ära die Kochbuchregale erobert. Die vegetarischen Kochbücher von heute stürmen die Bestsellerlisten, überbieten sich gegenseitig durch qualitativ hochwertige Food-Fotografie und setzen neue Trends in der zeitgemäßen Haute Cuisine. Neben Inspirationen von Neuköchen, Autodidakten und Quereinsteigern erobern seit Neuestem zunehmend mehr Profi-Köche dieses Metier.

So auch VEBU-Chefkoch Jérôme Eckmeier. Wenn ich ihn kochen sehe, weiß ich: hier arbeitet jemand, der die Leidenschaft nach raffiniertem Essen jeden Tag aufs Neue weckt und befriedigt. Wo für viele Kochen schon eine stimmige Zutatenzusammenstellung ausmacht, überrascht er als ausgebildeter Koch und staatlich geprüfter Lebensmitteltechniker bei jedem Rezept mit kreativen und dennoch leicht umzusetzenden Ideen. Ob Prinz Charles oder Helmut Kohl, Hape Kerkeling oder Oliver Kalkofe, Mario Adorf oder Sigmar Gabriel – sie alle zählten schon zu seinen Gästen. Der sympathische Ostfriese, fünffache Familienvater und charmante Schulungskoch kennt die Geheimnisse renommierter Restaurants unter anderem in Frankreich, Österreich und England, in denen er schon tätig war. Kinder und Erwachsene gewinnt er gleichermaßen für die rein pflanzliche, überwiegend regionale Küche in seinen Kochkursen, bei seinen Fernsehauftritten und mit seiner eigenen Internet-Kochshow.

Lassen auch Sie sich von Jérôme Eckmeiers kulinarischer Lebensfreude anstecken, von frischem Spargel im Knuspermantel oder zartem Himbeerdessert verführen und zu eigenen Ideen inspirieren.

Sebastian Zösch
Vegetarierbund Deutschland (VEBU)

Wissenswertes

Abkürzungen

EL	Esslöffel
TL	Teelöffel
l	Liter
cl	Centiliter
ml	Milliliter
kg	Kilogramm
g	Gramm
Msp	Messerspitze
Pr	Prise
Pck	Päckchen/Packung
gestr.	gestrichen
geh.	gehäuft
getr.	getrocknet

🌙 Teile des Gerichts sollten am Vortag zubereitet werden.

Umrechnungstabelle

Umluftherd (Grad)	Elektroherd (Grad)
150	170
160	180
170	190
180	200
190	210
200	220
210	230
220	240
230	250
240	260
250	270

Versteckte Tierprodukte

Bitte verwendet grundsätzlich bei allen Rezepten die veganen Versionen der angegebenen Zutaten!

Viele unvegane Inhaltsstoffe lassen sich mit einem Blick auf die Zutatenliste direkt entlarven. Die folgenden Lebensmittel können allerdings „versteckte" tierliche Stoffe enthalten. Eine Produktanfrage direkt beim Hersteller verschafft Klarheit.

Brot, Brötchen und Brezeln
Brot, Brötchen und Brezeln enthalten manchmal Milch oder Milchprodukte (gelegentlich auch Ei) und können mit Schweineschmalz hergestellt sein. Die verwendete Backmargarine kann aus Schlachtfett bestehen. In Bio- und Vollkornbäckereien wird oft honighaltiges Backferment verwendet.

Margarine
Auf den Aufdruck „rein pflanzlich" ist bei Margarine leider kein Verlass, weil dieser manchmal auch sowas wie Molke und Honig mit einschließt. Margarine kann außerdem Vitamin D3 enthalten, welches aus Lanolin (Schafswollfett) oder Fischlebertran gewonnen wird.

Wein
Wein wird nach der Fermentierung geklärt bzw. geschönt. Dabei können folgende tierliche Stoffe zum Einsatz kommen: Fischblase, Gelatine, Kasein (Bestandteil von Milcheiweiß) und Eiklar.

Wenn ein Wein mit Eiklar oder Kasein geschönt wurde, muss dies seit Juli 2012 auf dem Weinetikett ausgewiesen werden. Das gilt allerdings nicht für Gelatine und Fischblase.

Auch Essige und Fruchtsäfte können mit Gelatine geklärt/geschönt sein.

Mono- und Diglyceride von Speisefettsäuren (E471, E472a-f) und Aromen können aus tierlichen Stoffen (Molke, Milchpulver, Tierfette) gewonnen sein.

Ausführliche Infos über weitere versteckte Tierprodukte findet ihr zum Beispiel unter www.veganissimo.de/band1!

Sojamilch & Co.

Kuhmilch kann heutzutage problemlos durch verschiedene Sorten von Pflanzenmilch ersetzt werden. Neben der bekannten Sojamilch findet man inzwischen auch Hafer-, Dinkel-, Reis- und Mandelmilch in den Regalen der Bioläden (und zum Teil bereits auch in den Supermärkten). Soja-, Hafer- und Dinkelmilch erhält man in diversen Geschmackssorten – sowohl gesüßt, als auch ungesüßt. Reismilch ebenso, diese besitzt aber bereits eine unaufdringliche natürliche Süße. Soja-, Hafer- und Dinkelmilchsorten sind recht dickflüssig und können beim Kochen gut untereinander ausgetauscht werden.

Reismilch ist etwas dünnflüssiger und kann daher gut bei feinen Desserts verwendet werden. Gelegentlich findet man in Veganversänden auch schon Amarant-, Quinoa- und Hirsemilch.

Das geschmackliche – aber leider auch preisliche – Highlight der Pflanzenmilchsorten bilden Mandel- und Haselnussmilch. Mit diesen süßen „Milch"sorten lassen sich unter anderem zauberhafte Nachspeisen und traumhafte Mandel-Cappuccinos basteln.

In Deutschland ist der Begriff „Milch" übrigens geschützt und darf nur im Zusammenhang mit Kuhmilch verwendet werden. Deshalb werden Sojamilch und Co. meist als Sojadrink, Reisdrink, Haferdrink etc. verkauft.

Auch andere Lebensmittel auf Kuhmilchbasis wie Käse, Sahne, Schlag- oder Sprühsahne, und Joghurt haben inzwischen ein veganes Pendant. Pflanzliche Sahne findet ihr zum Beispiel als Soja-, Hafer- oder Dinkel-Cuisine im Handel. Diese hat einen neutralen, sahnigen Geschmack und lässt sich beim Kochen prima für Sahne- oder Rahmsoßen verwenden. Schlag- oder Sprühsahne ist auf Soja-, Reis- oder Kokosbasis erhältlich und passt hervorragend auf vegane Kuchen und Torten. Veganen Joghurt gibt es bisher nur als Soja-Joghurt, dafür aber sowohl ungesüßt als auch mit Früchten oder Vanillegeschmack. Die Sojabohne ist der Allrounder der veganen Küche und auch die Grundzutat von veganem Käse, den es am Stück, in Scheiben, gerieben und als Streichkäse bei verschiedenen Veganversänden zu kaufen gibt.

Öle

Bei Ölen lege ich sehr viel Wert auf Bio-Qualität, da sich qualitative Unterschiede im Geschmack bemerkbar machen. Ich verwende zum Braten und Frittieren meist Sonnenblumenöl, da es relativ geschmacksneutral ist, oder alternativ Raps- oder Maiskeimöl. Für Salate und kalte Gerichte eignen sich Lein- und Olivenöl sehr gut.

Gewürze

Bei meinen Rezepten werdet ihr selten Mengenangaben bei Gewürzen und frischen Kräutern finden, da meiner Meinung nach deren Verwendung einfach „Geschmackssache" ist. Hier aber einige grundsätzliche Tipps zum richtigen Umgang mit Gewürzen:

Oft reichen schon eine ordentliche Prise Salz und frisch gemahlener Pfeffer, sowie ein paar Tropfen Olivenöl und ein Spritzer Zitrone. Bei allen weiteren Gewürzen empfiehlt es sich zuerst mit einer Prise zu starten und sich dann zu steigern.

Frischer Ingwer, Soja- oder Teriyakisoße machen eine Speise zum Beispiel würzig-aromatisch und geben ihr einen asiatischen, leicht scharfen Touch.

Knoblauch sollte bei keiner Grillparty fehlen, aber Vorsicht: Da er leicht verbrennt und dann bitter schmeckt, sollte man ihn erst gegen Ende des Grillens auf die Oberfläche des Grillguts geben.

Gewürzkörner werden besonders aromatisch, wenn man sie vor dem Zermahlen im Mörser oder der Mühle in einer Eisenpfanne ohne Fett anröstet.

Profi-Tipp

Die Gewürzdose nicht über den Dampf halten, da sonst die Gewürze zusammenkleben.

Begriffs-erklärungen

abschmecken
bezeichnet das abschließende Verkosten und etwaige Nachwürzen einer Speise vor dem Servieren. Das Nachwürzen umschließt nicht nur Gewürze, sondern auch Zutaten wie „Sahne", Wein oder andere Spirituosen.

abbinden
bedeutet, dass eine Speise mit einem Bindemittel verdickt wird. Beispiel: Suppe mit Mehl abbinden.

ablöschen
bedeutet, dass einer kochenden oder brutzelnden Speise kalte Flüssigkeit (kein Öl!) zugesetzt wird.

Agar-Agar
ist ein pflanzlicher Mehrfachzucker (Polysaccharid), der vor allem aus Rotalgenarten hergestellt wird. Beim Kochen und Backen und in der Lebensmittelverarbeitung kann er als Gelier- und Verdickungsmittel eingesetzt werden.

al dente
ist italienisch und heißt übersetzt „für den Zahn (zu spüren)". Im Klartext: gekochte Nudeln sollen bissfest und nicht ganz weich gekocht sein.

anschmoren
heißt, dass etwas nur kurz geschmort wird. Schmoren ist eine Kombination von Anbraten und anschließendem Kochen.

anschwitzen
bedeutet, dass Gemüse in wenig Fett und bei gering-er Hitze gegart wird. Das Erhitzen von Weizenmehl in heißem Fett (die sog. „Mehlschwitze") wird auch als Anschwitzen bezeichnet.

ausbacken
ist ein anderes Wort für frittieren und bezeichnet eine Garmethode, bei der Lebensmittel in heißem Fett schwimmend gebacken werden. Dabei entstehen bei Temperaturen von 140 bis 190° C eine trockene Kruste und Röstaromen.

Die Holzlöffel-Probe: Steigen an dem in das heiße Fett gehaltenen Holzkochlöffel Bläschen auf, ist die Temperatur richtig und das Gargut kann in die Pfanne gegeben werden.

auslassen
bezeichnet den Vorgang des Herauslösens des Fettanteils von Nahrungsmitteln durch längeres Erhitzen.

Bagel
ist ein handtellergroßer Brotkringel aus ungesüßtem Hefeteig mit einem Loch in der Mitte. Das aus der jüdischen Tradition kommende Gebäckstück wird vor dem Backen kurz in Wasser gekocht, wobei das mittige Loch den Kochvorgang und die Krustenbildung beim späteren Backen beschleunigt.

binden
bedeutet, Speisen (zum Beispiel Soßen, Suppen etc.) durch die Zugabe von Bindemitteln wie Mehl oder Speisestärke eine cremige Konsistenz zu verleihen.

Carpaccio
bezeichnet eine kalte Vorspeise aus rohen, hauchdünn geschnittenen Zutaten.

Chorizo
ist eine leicht geräucherte spanische Wurst aus grob gehacktem Schweinefleisch, die mit Knoblauch, süßen

roten Chilis und scharfer Paprika gewürzt ist. Eine vegane Variante gibt es zum Beispiel von Wheaty zu kaufen.

dünsten
bedeutet, dass die Speisen in einem Gefäß (Topf oder Pfanne) mit Deckel mit wenig Fett oder Flüssigkeit gegart werden.

filetieren
bezeichnet die Entfernung ungenießbarer oder unerwünschter Lebensmittelteile: bei Zitrusfrüchten zum Beispiel die Schale und die Haut bis zum Fruchtfleisch.

einkochen
bedeutet, dass man zum Beispiel eine Soße längere Zeit köcheln lässt, damit ein Teil des Wassers verdampft. Die Soße wird dadurch konzentrierter und dickflüssiger.

Gluten
ist das Klebereiweiß der Getreidekörner und für die Backfähigkeit des Mehls verantwortlich. Gluten ist in Weizen, Dinkel, Grünkern, Roggen, Gerste und Hafer enthalten.

Guarkernmehl
wird aus dem Samen der Guarpflanze gewonnen und unter anderem als Gelier- und Verdickungsmittel eingesetzt.

Harissa
ist eine scharfe Gewürzpaste, die aus frischen Chilischoten, Kreuzkümmel, Koriandersamen, Knoblauch, Salz und Olivenöl hergestellt wird.

Hefeflocken
werden auch als Nährhefeflocken oder Edelhefeflocken bezeichnet und sind im Bioladen erhältlich. Sie haben einen würzigen, leicht „käsigen" Geschmack und

eignen sich dadurch hervorragend zur Zubereitung von Hefeschmelz (einem beliebten Käseersatz).

Holzstabprobe
Mit einem Holz- oder Schaschlikspieß schräg in den Muffin oder Kuchen hineinstechen. Wenn beim Herausziehen keine Teigreste am Spieß kleben bleiben, ist der Muffin/Kuchen fertig.

Kala Namak
ist ein salziges, stechend riechendes Gewürz, das wegen seiner schwefeligen Note an hartgekochte Eier erinnert. Erhältlich in Asia-Läden.

karamellisieren
bezeichnet die Verwandlung von Zucker in Karamell durch starkes, trockenes Erhitzen bei Temperaturen ab 150° C.

Marinade
kann je nach Geschmack aus einer Mischung von Essig und verschiedenen Gewürzen hergestellt werden. In eine Marinade kann man Tofu, TVP-Produkte und auch Gemüse einlegen und damit sowohl die Farbe als auch den Geschmack dieser Speisen verändern bzw. verfeinern. Beispiel: Mit Rosmarin, Thymian, Oregano und Knoblauch wird der Tofu mediterran. Curry, Ingwer, Chili, Agavendicksaft und Sesam verleihen ihm eine asiatische Note.

mehlieren
bezeichnet das Wenden von Lebensmitteln in Mehl. Meist stellt es den ersten Schritt des Panierens dar, kann aber auch zur Vorbereitung zum Braten (zum Beispiel von Soja-Medaillons) dienen.

passieren
nennt man das Entfernen von festen Bestandteilen aus Flüssigkeiten, indem man selbige zum Beispiel durch Spitzsiebe oder Passiertücher treibt. Auch die Verar-

beitung von weichen Lebensmitteln zu einer Art Brei mittels geeigneter Geräte wird als „passieren" bezeichnet.

Quinoa
Quinoa zählt zu den Fuchsschwanzgewächsen und weist einen hohen Gehalt an Eiweiß, Magnesium und Eisen auf. Die Samen dieser Pflanze sind etwa senfkorngroß und lassen sich beim Kochen gut anstelle von Reis verwenden.

Ras el-Hanout
ist eine ursprünglich marokkanische Gewürzmischung mit bis zu 25 verschiedenen Zutaten, deren Aromen von süß über scharf bis zu bitter reichen. Erhältlich in Asia-Läden.

reduzieren
bezeichnet den Vorgang des starken Einkochens von Flüssigkeiten. Dabei wird der Wassergehalt verringert, um so den Geschmack zu intensivieren. Die Technik des Reduzierens wird zum Beispiel bei Hollandaise-Soße verwendet.

scharf anbraten
macht man, indem man in einer Pfanne Öl heiß werden lässt (Holzlöffel-Probe machen!), dann das Bratgut dazugibt und es bei hoher Temperatur von allen Seiten schön braun anbrät. Das funktioniert allerdings nur, wenn die Pfanne nicht zu voll ist – ggf. in mehrere Portionen aufteilen.

Tofu
ist der vegane „Alleskönner". Der Bohnenquark kommt ursprünglich aus dem asiatischen Raum und wird aus Sojabohnenteig hergestellt. Durch seinen neutralen Geschmack lässt er sich sowohl für süße als auch für herzhafte Gerichte verwenden. In unseren Supermärkten und Bioläden findet er sich in allerlei Variationen: Tofu „natur" (eignet sich zum Beispiel als Mozzarella-Ersatz), gewürzt und verfeinert mit Oliven, Gewürzen und Nüssen, geräuchert, mariniert, in Form von Bratlingen, „Steaks", „Würstchen" etc. Eine besondere Form des Tofus ist der Seidentofu, dessen Konsistenz einem Pudding ähnelt. Dadurch kann man ihn besonders gut für süße Speisen wie Käsekuchen und Mousse au Chocolat verwenden.

Tempeh
Tempeh stammt ursprünglich aus Indonesien, wo es seit Jahrhunderten verwendet wird. Tempeh wird aus gekochten, geschälten Sojabohnen hergestellt und durch die Zugabe eines Edelpilzes fermentiert. Erhältlich in Bio- oder Asia-Läden.

TVP
ist die Abkürzung für „Textured Vegetable Protein". TVP (auch bekannt als „Sojafleisch") ist ein industriell gefertigter Fleischersatz, der aus entfettetem Sojamehl hergestellt wird und fast keinen Eigengeschmack hat. Das Sojafleisch ist reich an Proteinen und enthält wenig Fett. In Bioläden und Veganversänden ist es in Form von Granulat, Würfeln, Schnetzeln, Medaillons und Steaks erhältlich.
Zubereitung: Das Sojafleisch in eine Schüssel geben, mit kochender Gemüsebrühe übergießen und 15 Minuten einweichen. Zum Beschweren könnt ihr noch einen Teller o. Ä. darauflegen, damit das Sojafleisch die ganze Zeit mit Brühe bedeckt ist und nicht an manchen Stellen austrocknet. Nach dem Einweichen das Sojafleisch gut ausdrücken. Das klappt am besten zwischen zwei Küchenbrettern oder beim Granulat auch durch ein Sieb. Bevor ihr das Sojafleisch paniert oder anbratet, sollte es noch mit Salz, Pfeffer, Paprikapulver und Sojasoße mariniert werden.

Vinaigrette
ist eine kalte Soße, die aus Essig, Öl und je nach Rezept und Geschmack aus weiteren Zutaten wie Senf und Kräutern zubereitet wird.

Grundrezepte

Senfsoße

Tomatensoße

Béchamelsoße

████████████████████████████

1 Liter | ca. 10 min

70 g Margarine
1 mittelgroße Zwiebel
1 Knoblauchzehe
80 g Mehl
1 l kalte Pflanzenmilch
Muskat, Pfeffer (schwarz), Salz

Zwiebel und Knoblauchzehe schälen und in kleine Würfel schneiden. Margarine in einem Topf zerlassen und Zwiebel und Knoblauch darin glasig dünsten. Mehl hinzufügen und anschwitzen.

Pflanzenmilch nach und nach zugeben und unter ständigem Rühren langsam aufkochen lassen. Mit Salz, Pfeffer und etwas Muskat abschmecken. Danach die Soße durch ein Spitzsieb passieren, um kleinere Rückstände zu entfernen.

Béchamelsoße wird oft zum Überbacken verwendet. Deshalb wird sie üblicherweise dicker als andere Soßen gehalten.

Profi-Tipp

Kalte Pflanzenmilch verwenden! Das schützt vor Klümpchenbildung und brennt im Topf nicht so schnell an. Sollten doch kleine Klümpchen in der Soße sein, einfach kurz mit dem Stabmixer pürieren.

Variationen

Senfsoße
in die fertige Béchamelsoße 3-4 TL mittelscharfen oder Dijonsenf geben.

Weißweinsoße
in die fertige Béchamelsoße etwas trockenen Weißwein gießen.

Rahmsoße
Die Béchamelsoße mit ca. 200 ml pflanzlicher Sahne verfeinern, Margarineflocken dazugeben und alles mit einem Stabmixer aufschlagen.

Tomatensoße
eine Tube Tomatenmark in die Béchamelsoße rühren und mit Basilikum und Oregano abschmecken.

„Käsesoße"
in die kochende Béchamelsoße etwas geriebenen pflanzlichen „Käse" geben und mit einem Schuss pflanzlicher Sahne verfeinern.

Meerrettichsoße
Meerrettich frisch reiben und unter die Béchamelsoße heben. Mit etwas Zucker und Weißweinessig verfeinern.

Dunkle Soße

Béchamelsoße

18

Dunkle Soße

750 ml | ca. 25 min

2 mittelgroße Zwiebeln
100 g Röstgemüse: Lauch, Möhre und Sellerie
1 Knoblauchzehe
50 g Tomatenmark
40 g Mehl
50 ml trockener Rotwein
500 ml kalte Gemüsebrühe
100 ml Hafersahne
1 Lorbeerblatt
Majoran, Thymian, Rosmarin, Pfeffer (schwarz), Salz
Öl zum Braten
optional: 2 cl Portwein

Zwiebeln schälen, vierteln und drei Viertel davon fein hacken. Das Gemüse waschen und fein würfeln. Die gehackten Zwiebeln in Öl glasig dünsten, das Gemüse hinzugeben und unter ständigem Rühren kräftig anrösten.

Tomatenmark hinzufügen und karamellisieren lassen. Mit Mehl bestäuben und so lange rühren, bis es aufschäumt. Mit Rotwein ablöschen und kurz aufkochen lassen.

Gemüsebrühe nach und nach zugeben. Im Anschluss die Gewürze hinzufügen und bei mittlerer Hitze köcheln lassen.

Die zurückbehaltenen Zwiebeln in der Mitte durchschneiden und mit den Schnittflächen nach unten in einer heißen Pfanne braten, bis sie braun sind. Zwiebeln in die köchelnde Soße geben. Optional den Portwein hinzugießen.

Alles kurz aufkochen lassen, von der Herdplatte nehmen und mit einem Stabmixer pürieren. Mit Hafersahne verfeinern und servieren.

Schnelle Salsa

ca. 750 ml | ca. 5 Minuten

2 Tomaten
1 Zucchini
1 mittelgroße Zwiebel
1 Knoblauchzehe
3 entsteinte Datteln
1 TL Agavendicksaft
500 ml Tomatensaft
Saft einer halben Zitrone
1 kleines Stück Ingwer
1 TL Gemüsebrühe-Pulver
1 gestr. TL Paprikapulver (edelsüß)
1 gestr. TL Pfeffer (schwarz)
1 gestr. TL Salz
50 g Tomatenmark
Kräuter nach Geschmack und Saison

Tomaten und Zucchini waschen, Zwiebel und Knoblauch schälen und alles kleinschneiden. Zusammen mit den restlichen Zutaten in einen Standmixer geben und kurz durchmischen. Danach abschmecken und mit dem Tomatenmark binden, bis die gewünschte Konsistenz erreicht ist.

Knoblauch-Dip

4 Personen | ca. 5 Minuten

200 g Seidentofu – alternativ:
Sojajoghurt (natur)
2 EL Hafersahne
4 Knoblauchzehen
3 Scheiben frischer Ingwer
2 TL frischer, gehackter Dill
2 TL frischer, gehackter Schnittlauch
1 Pr Zucker
1 Spritzer Zitrone
Pfeffer (schwarz), Salz

Seidentofu mit der Hafersahne glattrühren. Knoblauch und Ingwer schälen und sehr fein hacken. Mit den restlichen Zutaten vermengen und abschmecken.

Vegane Mayonnaise à la Eckmeier

250 ml | ca. 5 Minuten

100 ml Pflanzenmilch
3 EL Zitronensaft
1 Msp Senf
1 EL Weißweinessig
1 Msp Kurkuma oder Paprikapulver
(edelsüß) – je nach Geschmack und
gewünschter Färbung
8 EL Öl
5 g Guarkernmehl
Pfeffer (weiß), Salz

Alle Zutaten – außer Öl und Guarkernmehl – in ein hohes Gefäß geben. Mit einem Stabmixer auf niedrigster Stufe pürieren und nach und nach das Öl hinzugeben. Dann das Guarkernmehl beimischen, bis die Masse beginnt anzudicken.

Variationen

Remouladensoße
die fertige Mayonnaise wird mit gehackten Gewürzgurken, Kapern, Petersilie, Estragon, frisch gemahlenem Pfeffer und Senf abgeschmeckt.

Tatarensoße
unter die Remouladensoße gekochte und gehackte Kichererbsen und feingeschnittenen Schnittlauch rühren.

Cocktailsoße
in die fertige Mayonnaise 2 EL Ketchup und etwas pflanzliche Sahne geben.

Mayonnaise sollte wegen der vielseitigen Verwendung von möglichst neutralem Geschmack und sehr fester Konsistenz sein. Sie kann von mild zu süß und von pikant zu würzig abgeschmeckt werden.

23

Ei-Ersatz

Eier werden dazu verwendet, Zutaten zu binden und, wenn sie geschlagen werden, ein Gericht aufzu-lockern. Jeweils ein Ei lässt sich durch folgende Menge der angegebenen Lebensmittel ersetzen:

- 2 TL Leinsamen
- 1 EL Sojamehl mit 2 EL Wasser verrührt
- eine halbe vollreife Banane
- Ei-Ersatzpulver, zum Beispiel No Egg (im Reform-haus erhältlich), nach Packungsanleitung
- 80 g Apfelmus
- ½ TL Backpulver (zum Treiben bzw. Auflockern)

In herzhaften Speisen kann auch zerdrückte, vollreife (Hass-)Avocado als Ei-Alternative dienen.

Käsealternativen

Da viele Neu-Veganer_innen „ihren" Käse sehr vermissen und pflanzlicher Käse meist nur in Internetshops verfügbar ist, habe ich hier ein paar Klassiker der veganen Küche zusammengestellt, die sich als veganer „Käse" hervorragend zum Überbacken und Bestreuen eignen.

Hefeschmelz

**für einen Auflauf oder
ein Blech Pizza | ca. 10 Minuten**

4 EL Margarine
5 TL Mehl
250 ml kalte Gemüsebrühe
8 EL Hefeflocken – alternativ: 1 Würfel
frische Hefe
2 TL mittelscharfer Senf
Paprikapulver (edelsüß),
Pfeffer (schwarz), Salz

Margarine in einem Topf zerlassen. Mehl hinzufügen und anschwitzen. Gemüsebrühe nach und nach zugeben und unter ständigem Rühren langsam aufkochen lassen. Hefeflocken (oder den zerbröselten Hefe-Würfel) unterrühren. Danach Senf und Gewürze zugeben und abschmecken.

Cashewcreme

**für einen Auflauf oder
ein Blech Pizza | ca. 5 Minuten**

200 g Cashewkerne (ungesalzen)
200 ml kaltes Wasser
5 TL Hefeflocken
70 ml Hafersahne
Knoblauchpulver, Pfeffer (weiß), Salz

Cashewkerne mit Wasser übergießen und über Nacht im Kühlschrank einweichen lassen.

Am nächsten Tag die Nüsse und die Hälfte des Wassers mit einem Stabmixer pürieren. Hefeflocken und Hafersahne zugeben und würzen.

Veta – veganer Kräuterkäse

4 Personen | ca. 5 Minuten
(+ 1-2 Tage Ruhezeit)

200 g Tofu (natur)
2 EL Olivenöl
2 EL Weißweinessig
Saft einer halben Zitrone
2 Knoblauchzehen
2 mittelgroße Zwiebeln
1 TL Paprikapulver (edelsüß)
1 TL Basilikum (getr.)
1 TL Oregano (getr.)
1 TL Bärlauch (getr.)
1 TL Salz

Tofu in 1 cm große Würfel schneiden.

Knoblauch und Zwiebeln schälen. Dann den Knoblauch klein-schneiden, die Zwiebeln fein würfeln und zusammen mit den anderen Zutaten zu einer Marinade verrühren.

Die Tofuwürfel in ein verschließbares Gefäß (zum Beispiel Marme-ladenglas) geben und mit der Marinade bedecken. 1-2 Tage im Kühlschrank ziehen lassen.

Cashewnuss-„Parmesan"

4 Personen | ca. 5 Minuten

100 g Cashewkerne (ungesalzen)
6 EL Hefeflocken
3 EL Paniermehl
Basilikum (getr.), Oregano (getr.),
Knoblauchpulver, Pfeffer (weiß), Salz

Cashewkerne, Hefeflocken und Paniermehl in einen Mixer geben und zerkleinern. Mit den Gewürzen abschmecken und zum Streuen verwenden.

Statt Cashewkernen können auch Mandeln, Haselnüsse o. Ä. verwendet werden. Der Cashewnuss-„Parmesan" hält sich in einer verschlossenen Dose mehrere Wochen!

Kalte Vorspeisen

Rohe „Spaghetti Napoli"

▀▄▀▄▀▄▀▄▀▄▀▄▀▄▀▄▀▄▀▄▀▄▀▄▀▄

4 Personen | ca. 20 Minuten

800 g Salatgurken
200 g Tomaten
1 mittelgroße Zwiebel
1 Knoblauchzehe
2 EL Olivenöl
4 entsteinte Datteln
Zitronensaft
Agavendicksaft
Basilikum, Oregano, Pfeffer (schwarz),
Salz

Cashewnuss-„Parmesan" (Rezept S. 27)
zum Garnieren

Salatgurke schälen und durch einen Spaghettischneider drehen, um „Spaghetti" herzustellen. Falls kein Spaghettischneider vorhanden ist, funktioniert es auch mit einem Sparschäler (erst in Streifen und dann längs in feine Spaghetti schneiden).

Tomaten waschen, halbieren und entkernen. Zwiebel und Knoblauchzehe schälen.

Tomaten, Zwiebel, Knoblauch, Öl, Datteln und die Kräuter in ein hohes Gefäß geben und mit einem Stabmixer gut pürieren. Mit Zitrone, Pfeffer, Salz und dem Agavendicksaft nach Geschmack würzen.

Cashewnuss-„Parmesan" (Rezept S. 27) zubereiten.

Die fertige Soße über die „Spaghetti" geben, mit dem Cashewnuss „Parmesan" bestreuen und servieren.

Bayrischer „Worscht"salat

4 Personen | ca. 20 Minuten

200 g Räuchertofu
100 g vegane Chorizo
2 mittelgroße Zwiebeln
4 Gewürzgurken
1 rote Paprika
Öl zum Braten

Zutaten für das Dressing
4 EL Sonnenblumenöl
2 EL Gurkenwasser oder Wasser (je nach Geschmack)
2 EL Weißweinessig
1 TL süßer Senf
1 gestr. TL Zucker
frischer, gehackter Schnittlauch
Paprikapulver (edelsüß),
Pfeffer (schwarz), Salz

Zwiebeln schälen. Räuchertofu, Chorizo, Zwiebeln, Gewürzgurken und Paprika in feine Streifen schneiden. In einer Pfanne Öl erhitzen und alles scharf anbraten.

In einer Schüssel das Dressing anrühren und mit Schnittlauch, Paprikapulver, Pfeffer und Salz abschmecken.

Alles zusammen in eine Schüssel geben und servieren.

GeVlügelsalat

▪▪▪▪▪▪▪▪▪▪▪▪▪▪▪▪▪▪▪▪▪▪

**4 Personen | ca. 25 Minuten
(+ 1 Stunde Ruhezeit)**

100 g Soja-Schnetzel (TVP)
500 ml Gemüsebrühe (zum Einweichen)
100 g Champignons
100 g Mandarinen (aus der Dose)
80 g Spargel (aus dem Glas)
5 EL vegane Mayonnaise (Rezept S. 23)
125 g Sojajoghurt
1 Pr Zucker
frischer, gehackter Schnittlauch
Pfeffer (schwarz), Salz
Öl zum Braten

Soja-Schnetzel ca. 15 Minuten mit kochender Gemüsebrühe bedecken und einweichen. Danach gut ausdrücken.

Champignons putzen, Stiele abschneiden und in Streifen schneiden.

In einer Pfanne etwas Öl erhitzen, Pilze und Soja-Schnetzel scharf anbraten.

Mandarinen abgießen und einen Löffel des Saftes aufbewahren. Spargel in feine Streifen schneiden.

Mayonnaise (Rezept S. 23) zubereiten. Mit Sojajoghurt glattrühren und alle anderen Zutaten vorsichtig unterheben. Mit Schnittlauch, Zucker, Pfeffer, Salz und dem Mandarinensaft abschmecken.

Mindestens eine Stunde im Kühlschrank ziehen lassen.

Profi-Tipp

Champignons reinigt man am besten mit einem nebelfeuchten Küchentuch, damit sie sich nicht mit Wasser vollsaugen und schwammig werden.

Vleischsalat

■■■■■■■■■■■■■■■■■■■■■■■■■■

**4 Personen | ca. 20 Minuten
(+ 1 Stunde Ruhezeit)**

200 g Räuchertofu
1 mittelgroße Zwiebel
1 rote Paprika
1 Knoblauchzehe
4 süß eingelegte Gurken
5 EL vegane Mayonnaise (Rezept S. 23)
1 kleine Dose Erbsen
1 Pr Zucker
Zitronensaft
frischer, gehackter Schnittlauch
frischer, gehackter Dill
Paprikapulver (edelsüß),
Pfeffer (schwarz), Salz
Öl zum Braten

Zwiebel und Knoblauch schälen, Paprika waschen. Räuchertofu, Zwiebel und Paprika in feine Streifen schneiden. Knoblauch hacken.

In einer Pfanne etwas Öl erhitzen und Räuchertofu, Zwiebel, Paprika und Knoblauch scharf anbraten.

Gurken in Streifen schneiden.

Mayonnaise (Rezept S. 23) zubereiten und in eine Schüssel geben. Die Erbsen abtropfen lassen und zusammen mit allen anderen Zutaten unter die Mayonnaise mischen.

Mindestens eine Stunde im Kühlschrank ziehen lassen, erst dann servieren.

Servier-Tipp

Tomaten aushöhlen und mit dem Vleischsalat füllen – schon habt ihr einen weiteren Buffet-Klassiker der 50er Jahre!

Veganer Eiersalat

**4 Personen | ca. 20 Minuten
(+ 1 Stunde Ruhezeit)**

1 Dose Kichererbsen
1 mittelgroße Zwiebel
2-3 Stängel Sellerie
5 EL vegane Mayonnaise (Rezept S. 23)
25 g kurze Makkaroni
1 Pr Kala Namak
frischer, gehackter Dill
Pfeffer (schwarz), Kräutersalz

Makkaroni in Salzwasser kochen.

Die Kichererbsen abtropfen lassen und mit etwas Flüssigkeit aus der Dose pürieren (geht besser). Zwiebel erst schälen, dann mit dem Sellerie kleinschneiden und dazugeben.

Mayonnaise (Rezept S. 23) zubereiten, unterrühren und je nach Geschmack mit Kala Namak, Dill, Pfeffer und Kräutersalz würzen.

Makkaroni kleinschneiden und vorsichtig unterheben.

Mindestens eine Stunde im Kühlschrank ziehen lassen.

Frisches Fake-Zwiebelmett

4 Personen | ca. 10 Minuten

2 mittelgroße Zwiebeln
100 g Reiswaffeln (ungesalzen)
250 ml Gemüsebrühe
6 EL Tomatenmark
2 EL ÖL
frischer, gehackter Schnittlauch
Majoran, Paprikapulver (edelsüß),
Pfeffer (schwarz), Salz

Zwiebeln schälen und sehr fein hacken.

Reiswaffeln in grobe Stücke zerbrechen und ca. 5 Sekunden in heißer Gemüsebrühe einweichen. Danach die Gemüsebrühe abgießen und die Reiswaffel-Masse gut ausdrücken.

Zwiebeln, Tomatenmark und Öl dazugeben und mit einer Gabel vermengen, bis die „Mett"-Masse eine gleichmäßige Färbung annimmt. Anschließend mit Schnittlauch, Majoran, Paprikapulver, Pfeffer und Salz abschmecken.

Leckerer wird es, wenn man es noch etwas durchziehen lässt – es schmeckt aber auch sofort!

Servier-Tipp

Formt die fertige „Mett"-Masse auf einem großen Teller in Igelform, macht aus zwei Wacholderbeeren und einer halben schwarzen Olive Augen und Nase und gebt ihm mit Salzstangen das stachelige Gewand – fertig ist das kultige Partybuffet-Tierchen der Fifties!

Caprese

4 Personen | ca. 10 Minuten

500 g Tomaten
200 g veganer Mozzarella – alternativ:
veganer Kräuterkäse (Rezept S. 27)
5 Blätter frisches Basilikum
1 mittelgroße Zwiebel
2 EL Olivenöl
1 EL Balsamico
Pfeffer (schwarz), Salz

Tomaten waschen, den Stiel entfernen und in Scheiben schneiden. Auf einem großen Teller oder einer Platte verteilen.

Mozzarella ebenfalls in Scheiben schneiden und abwechselnd auf die Tomaten legen.

Basilikumblättchen waschen, trocken tupfen und auf den Mozzarella geben. Die Zwiebel schälen, in feine Würfel schneiden und gleichmäßig darüber verteilen.

Danach salzen und pfeffern. Anschließend Olivenöl und Balsamico gleichmäßig über die Tomaten- und Mozzarellascheiben gießen.

Servier-Tipp

Dazu empfehle ich frisches Ciabattabrot.

Rucolasalat mit Orangenfilets auf Rote-Bete-Carpaccio

■■■■■■■■■■■■■■■■■■■■■■■

4 Personen | ca. 15 Minuten

150 g vorgekochte Rote Bete-Kugeln
100 g Rucola
1 mittelgroße Zwiebel
4 TL Olivenöl
1 Knoblauchzehe
30 g Cashewkerne (ungesalzen)
1 Bio-Orange
2 TL Weißweinessig
1 Pr Zucker
Pfeffer (schwarz), Salz

Rote Bete in dünne Scheiben schneiden und mit Pfeffer und Salz würzen. Rucola waschen, die Stängel entfernen und grob hacken.

Zwiebeln schälen, in feine Würfel schneiden und in Olivenöl anbraten. Den Knoblauch schälen, hacken und ebenfalls in die Pfanne geben. Die Cashewkerne in kleine, grobe Stücke hacken und in der gleichen Pfanne anrösten. Dabei jedoch die Temperatur reduzieren.

Auch den Rucola kurz in die Pfanne geben und etwas Orangen-schale darüber reiben. Sobald der Rucola leicht zusammenfällt, die Pfanne von der Herdplatte nehmen.

Orange mit einem Messer schälen und die Filets herausschnei-den, den Rest der Orange in den Pfanneninhalt ausdrücken. Für mehr Säure noch einen Schuss Orangensaft in die Pfanne hin-zugeben. Das Ganze mit Weißweinessig, Zucker, Pfeffer und Salz etwas würzen.

Die Rote Bete mittig auf Tellern anrichten und den Pfanneninhalt darüber geben. Mit den Orangenfilets garnieren.

Solltest du frische Rote Bete verwenden, kannst du ruhig die Schale an der Roten Bete lassen. Nach dem Kochen einfach – wie bei Kartoffeln – abpellen.
Dabei am besten Handschuhe und eine Schürze tragen, da Rote Bete stark färbt. Tipp von meiner Oma: gegen die Flecken hilft frischer Zitronensaft!

Warme Vorspeisen

Gefüllte Champignons

4 Personen | ca. 25 Minuten

8 große Champignons
200 g Seidentofu
1 mittelgroße Zwiebel
80 g Paniermehl
1 Knoblauchzehe
1 Msp Senf
1 Pr Zucker
Basilikum, Oregano,
Pfeffer (schwarz, geschrotet), Salz

Champignons putzen und aushöhlen.

Zwiebeln und Knoblauch schälen und kleinschneiden. Mit den restlichen Zutaten (außer den Champignons) in ein hohes Gefäß geben und mixen.

Champignons von innen mit Pfeffer und Salz würzen und mit der Tofumasse füllen. Anschließend auf ein Backblech setzen und bei 220° C Umluft ca. 20 Minuten backen.

Anstelle von Champignons können auch große Tomaten verwendet werden.

„Rührtofu" mit frischen Pilzen

4 Personen | ca. 10 Minuten

300 g Tofu (natur)
100 g frische Pilze
1 mittelgroße Zwiebel
1 Knoblauchzehe
100 ml Hafersahne
etwas Margarine
frischer, gehackter Schnittlauch
Kala Namak, Curry,
Pfeffer (schwarz), Salz
Öl zum Braten

Tofu fein zerbröseln und in etwas Öl anbraten.

Pilze putzen, in Scheiben schneiden und zusammen mit dem Tofu andünsten. Zwiebel und Knoblauch schälen, fein würfeln und ebenfalls in die Pfanne geben.

Hafersahne unterrühren und mit den Gewürzen abschmecken.

Kurz vor dem Servieren etwas Margarine zugeben, damit es so richtig schön „schlotzig" wird.

52

Couscous auf gebratenem Chicorée mit Balsamico-Dressing

4 Personen | ca. 25 Minuten

300 g Couscous
4 Chicorées
1 Paprika
1 mittelgroße Zwiebel
1 Knoblauchzehe
etwas Mehl
Ras el-Hanout – alternativ: Harissa
Pfeffer (schwarz), Salz
Öl zum Braten

Zutaten für das Dressing
50 ml Balsamico
100 ml Olivenöl
1 Pr Zucker
Saft einer halben Bio-Limette
etwas mittelscharfer Senf
Pfeffer (schwarz), Salz

Couscous in einem Sieb gut abspülen und nach der Packungsanleitung in Salzwasser kochen.

Chicorées halbieren und den bitteren Strunk entfernen. Salzen und pfeffern und von beiden Seiten mehlieren. In einer Pfanne mit etwas Öl goldbraun anbraten. Bei 170° C Umluft für 10 Minuten auf einem Backblech in den Ofen geben.

Paprika waschen, Zwiebel und Knoblauch schälen und alles in feine Würfel schneiden. Die Würfel in eine Pfanne geben und andünsten.

Couscous abgießen und ebenfalls in die Pfanne geben. Mit Ras el-Hanout, Pfeffer und Salz abschmecken.

Alle Zutaten für das Dressing verrühren und abschmecken.

Die Chicorées auf einem Teller drapieren, den Pfanneninhalt darauf verteilen und das Dressing drüber gießen.

53

Krosse Kartoffelbällchen im Maismantel mit Rahmspinat und warmem Belugalinsen-Salat

4 Personen | ca. 45 Minuten

8 mittelgroße Kartoffeln
2 EL Sojamehl
300 g Belugalinsen
1 mittelgroße Zwiebel
1 Knoblauchzehe
200 ml Pflanzenmilch
2 EL Teriyakisoße
1 TL Dijonsenf
½ Pck Backpulver
200 g Mehl
100 g Maisgrieß
400 g tiefgekühlter Spinat – alternativ:
800 g frischer Babyspinat
100 ml Dinkelsahne
2 EL Olivenöl
4 EL Balsamico
1 Spritzer Limettensaft
frischer, gehackter Schnittlauch
frische, gehackte Petersilie
etwas Zucker
Muskat, Paprikapulver (edelsüß),
Pfeffer (schwarz), Salz
Öl zum Braten und Frittieren

„Schnelle Salsa" (Rezept S. 20) als
würzige Soße

Belugalinsen nach Packungsanleitung kochen.

Kartoffeln in Salzwasser kochen. Anschließend kurz abkühlen lassen, pellen und durch eine Kartoffelpresse drücken. Mit Schnittlauch, Petersilie, Muskat, Pfeffer und Salz und kräftig würzen. Sojamehl hinzugeben und daraus kleine Bällchen formen.

In einer Schüssel die Pflanzenmilch mit Teriyakisoße, Senf, Backpulver, Paprikapulver, Pfeffer, Salz und ca. 100 g Mehl anrühren, so dass eine Masse mit kleisterartiger Konsistenz (die sog. „Nasspanade") entsteht. Auf einen Teller das restliche Mehl geben und auf einen zweiten den Maisgrieß. Eine „Panierstraße" aufbauen und die Kartoffelbällchen erst durch das Mehl, dann durch die Nasspanade und abschließend durch den Maisgrieß ziehen.

In einem hohen Topf das Frittieröl erhitzen und die Bällchen darin goldgelb ausbacken.

Zwiebel und Knoblauch schälen, in feine Würfel schneiden und in einer Pfanne andünsten. Spinat hinzugeben und glasig dünsten. Mit Dinkelsahne aufgießen und mit Salz, Pfeffer und Muskat abschmecken.

Belugalinsen abtropfen lassen, mit Olivenöl, Balsamico, Zucker, Pfeffer und Salz würzen und mit einem Spritzer Limettensaft verfeinern.

„Schnelle Salsa" (Rezept S. 20) zubereiten.

55

Kürbissuppe mit karamellisiertem Ingwer

▪▫▪▫▪▫▪▫▪▫▪▫▪▫▪▫▪▫▪▫▪▫▪▫▪

4 Personen | ca. 25 Minuten

1 kg frischer Hokkaido-Kürbis
4 mittelgroße Kartoffeln
2 mittelgroße Zwiebeln
2 Knoblauchzehen
100 g Ingwer
1,2 l Gemüsebrühe
100 ml pflanzliche Sahne
100 g Zucker
Pfeffer (schwarz), Salz
Öl zum Braten

Kartoffeln, Zwiebeln, Knoblauch und ca. 4 Scheiben des Ingwers schälen und in grobe Würfel schneiden. Kürbis halbieren und das weiche Innere entfernen. Danach den Kürbis ebenfalls grob würfeln und zusammen mit den anderen Gemüsewürfeln in Öl anbraten.

Mit Gemüsebrühe bedecken und weich kochen. Anschließend mit einem Stabmixer pürieren und mit pflanzlicher Sahne, Pfeffer und Salz abschmecken. Bei kleiner Hitze weiterköcheln lassen.

Zucker in einer Pfanne bei mittlerer Hitze vorsichtig schmelzen lassen. Mit einem Holzlöffel umrühren, bis sich der Zucker aufgelöst hat. Den restlichen Ingwer in Streifen schneiden und in die Pfanne geben. Wenn der Ingwer leicht karamellisiert ist, aus der Pfanne nehmen und in einem feuerfesten Gefäß auskühlen lassen. Vorsicht, sehr heiß!!!

Die abgekühlten Ingwerstreifen auf die Suppe geben und servieren.

Servier-Tipp

Mit frischen Kräutern und einem veganen Sahnehäubchen garnieren.

Kartoffelsuppe mit frittierten Räuchertofu-Streifen

4 Personen | ca. 25 Minuten

400 g Kartoffeln
80 g Zwiebeln
80 g Lauch
30 g Margarine
20 g Mehl
1 l kalte Gemüsebrühe
100 g Räuchertofu
100 ml Hafersahne
frischer, gehackter Schnittlauch
Muskat, Pfeffer (schwarz), Salz
Öl zum Frittieren

Kartoffeln und Zwiebeln schälen, Lauch waschen und alles in Scheiben schneiden.

In einem Topf die Zwiebel- und Lauchscheiben in Margarine anschwitzen, mit Mehl bestäuben und farblos „weiterschwitzen". (Die Mehlschwitze darf nicht zu dunkel werden, damit die Kartoffelsuppe schön hell bleibt.) Kartoffelscheiben hinzufügen. Mit Gemüsebrühe auffüllen und weiterköcheln lassen.

In der Zwischenzeit den Tofu in feine Streifen schneiden und in einer Pfanne mit reichlich Öl (mindestens 1 cm hoch) frittieren. Den frittierten Tofu mit einer Schaumkelle aus der Pfanne holen und auf einen Teller mit Küchenpapier legen, damit das Fett abtropfen kann.

Die Zutaten aus dem Topf in einem Mixer pürieren oder alternativ stampfen. Hafersahne zugeben und mit den Gewürzen abschmecken. Mit den frittierten Tofustreifen und etwas gehacktem Schnittlauch dekorieren.

Gefüllte Auberginenröllchen an Quinoasalat

4 Personen | ca. 45 min

150 g Quinoa
500 ml Gemüsebrühe
2 mittelgroße Auberginen
1 Paprika
1 mittelgroße Zwiebel
1 Knoblauchzehe
20 g frischer Ingwer
150 g Kirschtomaten
100 g Sojakäse – alternativ: veganer
Kräuterkäse (Rezept S. 27)
Pfeffer (schwarz), Salz
Olivenöl zum Braten

Zutaten für das Dressing
4 TL Harissa
3 EL Olivenöl
Saft einer Bio-Limette
Pfeffer (schwarz, aus der Mühle), Salz

Quinoa heiß abspülen und in Gemüsebrühe zum Kochen bringen. Ca. 15-20 Minuten weichkochen.

Auberginen waschen, vom Stielansatz befreien und in ca. 5 mm dicke Längsscheiben schneiden. Leicht salzen und 10 Minuten ziehen lassen.

In der Zwischenzeit Paprika, Ingwer und Kirschtomaten waschen, Zwiebel und Knoblauch schälen und alles fein würfeln. Tomatenwürfel beiseite stellen. Sojakäse in kleine Scheiben schneiden.

Auberginenscheiben in Olivenöl scharf von beiden Seiten anbraten und auf Küchenpapier legen, damit das Fett abtropfen kann. Mit Pfeffer würzen. Anschließend mit den Tomatenwürfeln und den Sojakäse-Scheiben belegen, aufrollen und für 20 Minuten bei 200° C Umluft in einer feuerfesten Form in den Backofen geben.

Die restlichen Gemüsewürfel in der Pfanne andünsten und würzen. In einer Schüssel das Harissa mit Olivenöl und dem Saft einer Limette glattrühren. Quinoa abgießen, gründlich mit kaltem Wasser abspülen und ebenfalls in die Schüssel geben.

Mit Pfeffer und Salz würzen und mit den Auberginenröllchen auf einem Teller anrichten.

Servier-Tipp

Eine leckere Ergänzung für dieses Gericht ist frisches Fladenbrot.

Gebratenes Tempeh an Kräuter-„Joghurt" auf buntem Linsensalat

▰▰▰▰▰▰▰▰▰▰▰▰▰▰▰▰

4 Personen | ca. 50 Minuten

300 g Linsen
1 Lorbeerblatt
1 Paprika
1 mittelgroße Zwiebel
1 Knoblauchzehe
3 EL Leinöl
1 EL Weißweinessig
1 Spritzer Zitronensaft
1 Pr Zucker
1 kleine Dose Erbsen
1 kleine Dose Mais
frischer, gehackter Schnittlauch
Thymian, Curry, Paprikapulver (edelsüß),
Pfeffer (schwarz), Salz

Zutaten für den Kräuter-„Joghurt"
200 g Sojajoghurt (natur)
2 EL Hafersahne
3 Scheiben frischer Ingwer
1 TL frischer, gehackter Dill
1 TL frische, gehackte Petersilie
1 TL frischer, gehackter Schnittlauch
1 Spritzer Zitrone
1 Pr Zucker
Pfeffer (schwarz), Salz

Zutaten für das gebratene Tempeh
400 g Tempeh
2 EL Sojasoße
Pfeffer (schwarz), Salz
Öl zum Braten

Linsensalat
Linsen waschen, in einen Topf mit 800 ml kaltem Wasser geben und mit dem Lorbeerblatt, Thymian und Salz ca. 45 Minuten bei kleiner Hitze kochen.

Während die Linsen köcheln, den Schnittlauch fein hacken und Paprika, Zwiebel und Knoblauch in feine Würfel schneiden.

Aus Essig, Öl und den restlichen Gewürzen eine Vinaigrette anrühren und abschmecken. Erbsen und Mais abtropfen lassen, mit den gekochten Linsen und der Vinaigrette vermengen und kalt stellen.

Kräuter-„Joghurt"
Sojajoghurt mit Hafersahne glattrühren. Ingwer schälen und fein hacken. Die restlichen „Joghurt"-Zutaten vermischen und abschmecken.

Tempeh
Tempeh in 2 cm dicke Scheiben schneiden. Etwas Öl in eine Pfanne geben und erhitzen. Tempeh von beiden Seiten goldbraun anbraten und mit Pfeffer und Salz würzen. Mit Sojasoße ablöschen und kurz aufkochen lassen. Danach kann es zusammen mit dem Linsensalat und dem Kräuter-„Joghurt" serviert werden.

Linsen sind nicht nur lecker, sondern auch reich an hochwertigem Eiweiß und deshalb sehr wichtig für die gesunde Gemüseküche.

Profi-Tipp

Das Tempeh schmeckt noch besser und intensiver, wenn ihr es über Nacht in Sojasoße, Knoblauch und Ingwer einlegt.

63

Gebackener Spargel im Knuspermantel mit Knoblauch-Dip

4 Personen | ca. 25 Minuten

100 g Mehl
½ Pck Backpulver
200 ml kalte Sojamilch
1 TL Dijonsenf
2 TL Teriyakisoße
1 TL Agavendicksaft
500 g Spargel
50 g Cornflakes
100 g Paniermehl
frischer, gehackter Schnittlauch
Majoran, Paprikapulver (edelsüß),
Pfeffer (schwarz), Salz
Öl zum Frittieren

Knoblauch-Dip (Rezept S. 21)

Mehl und Backpulver mit Sojamilch zu einem glatten Teig ver-rühren. Danach mit Senf, Teriyakisoße, Agavendicksaft und den Gewürzen pikant abschmecken. Alle Zutaten müssen kalt sein, damit die Kleber im Mehl binden.

Cornflakes in eine Schüssel geben und mit der Hand zerbröseln. Paniermehl zugeben.

Spargel salzen, pfeffern und mehlieren. Dann zuerst durch die Nasspanade ziehen, anschließend durch das Paniermehl-/Flakes-gemisch.

Die Spargelstangen in einer Pfanne mit ausreichend Öl bei mittlerer Hitze goldbraun backen.

Knoblauch-Dip (Rezept S. 21) zubereiten und zusammen mit dem gebackenen Spargel servieren.

65

Hauptgänge

Buletten aus Soja-Hackfleisch mit Bratkartoffeln deluxe

▼▼▼▼▼▼▼▼▼▼▼▼▼▼▼▼▼▼▼▼

4 Personen | ca. 50 Minuten

Zutaten für das Soja-Hackfleisch
200 g Soja-Granulat (TVP)
1 l heiße Gemüsebrühe (zum Einweichen)
80 g Paniermehl
1 mittelgroße Zwiebel
1 Knoblauchzehe
2 EL mittelscharfer Senf
2 EL Ei-Ersatzpulver – alternativ: Sojamehl oder Speisestärke
1 TL fein gehackte Kapern
frischer, gehackter Schnittlauch
Majoran, Paprikapulver (edelsüß), Pfeffer (schwarz), Salz

Zutaten für die Bratkartoffeln
1 kg Kartoffeln
2 mittelgroße Zwiebeln
100 g Räuchertofu
30 g Margarine
Cayennepfeffer, Paprikapulver (edelsüß), Pfeffer (schwarz), Salz
Öl zum Braten

Servier-Tipp
Zu den Buletten mit Bratkartoffeln passt sehr gut noch eine dunkle Soße (Rezept S. 19).

Soja-Hackfleisch
Soja-Granulat ca. 15 Minuten mit kochender Gemüsebrühe bedecken und einweichen. Danach gut ausdrücken.

Zwiebel und Knoblauch schälen und fein würfeln. Mit dem Sojagranulat und den restlichen Zutaten mischen und abschmecken. Buletten daraus formen, auf ein Brett legen und mindestens eine halbe Stunde ruhen lassen, damit das Mehl quellen kann und dem Veggie-Hackfleisch etwas Festigkeit gibt. In der Zwischenzeit die Bratkartoffeln zubereiten.

Bratkartoffeln deluxe
Kartoffeln in Salzwasser garen, schälen und in Scheiben schneiden. Zwiebeln schälen, in feine Streifen und den Räuchertofu in Würfel schneiden.

Öl in einer Pfanne auslassen und die Kartoffelscheiben und den Räuchertofu darin goldbraun braten. Die Zwiebeln hinzugeben und mit anbraten. Mit Cayennepfeffer, Paprikapulver, Pfeffer und Salz abschmecken und servieren.

Kurz vor dem Servieren die Margarine untermischen, das gibt einen schönen Geschmack.

Nun die Buletten in etwas Öl anbraten und zusammen mit den Bratkartoffeln servieren.

Im Sommer könnt ihr die Buletten auch in einer Aluschale grillen. Einfach vorher in der Pfanne braten und mit BBQ-Soße und Tomatenmark bestreichen.
Wer es etwas rauchiger mag, kann die Buletten noch mit Hickory-Rauchsalz verfeinern (nicht unbedingt für Kinder geeignet).

Gyros mit Zaziki

4 Personen | ca. 30 Minuten (+ 2 Stunden Ruhezeit)

200 g Soja-Schnetzel (TVP)
1 l Gemüsebrühe (zum Einweichen)
3 mittelgroße Zwiebeln
2 Knoblauchzehen
2 EL Sojasoße
Chilipulver, Pfeffer (schwarz), Salz

Zutaten für das Zaziki
½ Salatgurke
500 g Sojajoghurt –
alternativ: Seidentofu
1 EL frische, gehackte Dillspitzen
1 EL Bärlauch
1 mittelgroße Zwiebel
2 Knoblauchzehen
1 Spritzer Zitronensaft
etwas Olivenöl
etwas Weißweinessig
etwas Zucker
Pfeffer (schwarz), Salz

Soja-Schnetzel ca. 15 Minuten mit kochender Gemüsebrühe bedecken und einweichen.

Zwiebeln schälen und in feine Streifen schneiden. Den Knoblauch fein würfeln. Die Schnetzel gut ausdrücken und in eine Marinade aus den geschnittenen Zwiebeln, Knoblauch und den Gewürzen legen. Mindestens eine Stunde im Kühlschrank ziehen lassen.

Zaziki
In der Zwischenzeit das Zaziki zubereiten: Gurke schälen und kleinraspeln. Mit Salz bestreuen und 10 Minuten wässern lassen, danach den Sud abgießen.

Sojajoghurt zu den Gurken geben und glattrühren. Zwiebel und Knoblauch schälen, fein würfeln und zusammen mit den restlichen Zaziki-Zutaten beimischen. Nach Belieben abschmecken. Danach in den Kühlschrank stellen und mindestens zwei Stunden durchziehen lassen.

Zuletzt das marinierte Gyros in einer heißen Pfanne mit etwas Öl anbraten, bis es knusprig braun wird.

Servier-Tipp

Bratkartoffeln, Reis, Krautsalat, ein bunter Salat oder frisches Fladenbrot – all das lässt sich mit diesem Gericht kombinieren!

Makkaroni und „Käse"

4 Personen | ca. 35 Minuten

500 g Makkaroni
50 g Margarine
2 mittelgroße Zwiebeln
1 Knoblauchzehe
60 g Mehl
800 ml Pflanzenmilch
200 ml pflanzliche Sahne
4 EL Hefeflocken
200 g geriebener Sojakäse
Basilikum, Oregano, Paprikapulver (edelsüß), Pfeffer (schwarz), Meersalz

Makkaroni in Salzwasser al dente kochen.

Zwiebeln und Knoblauch schälen und fein würfeln. Margarine in einem Topf zerlassen und Zwiebel- und Knoblauchwürfel darin glasig dünsten. Mehl hinzufügen und anschwitzen.

Pflanzenmilch und -sahne nach und nach zugeben und unter ständigem Rühren langsam aufkochen lassen. Auf kleiner Flamme die Soße etwas einkochen lassen und mit Hefeflocken, Basilikum, Oregano, Paprikapulver, Pfeffer, Meersalz und dem Sojakäse abschmecken.

Die Makkaroni abgießen.

Drei Viertel der Soße mit den Makkaroni in einer Auflaufform vermischen und ein Viertel als Topping darüber geben. Den Auflauf bei 200° C Umluft für 25 Minuten im Ofen backen.

Kartoffelburger mit Hollandaise auf Spargelbett

■■■■■■■■■■■■■■■■■■■■■■■■■■

4 Personen | ca. 1 Stunde

4 große, festkochende Kartoffeln
1 kg Spargel
1 helles Brötchen
4 Pflanzensteaks (Rezept S. 83)
etwas Dijonsenf
etwas Zitronensaft
etwas Zucker
Muskat, Pfeffer (schwarz), Salz
Öl zum Braten

Zutaten für die Hollandaise
4 EL Weißweinessig
8 EL Wasser
½ TL schwarze Pfefferkörner
2 Schalotten
30 g kalte Margarine
40 g Mehl
500 ml kalte Gemüsebrühe
200 ml Sojasahne
2 cl Weißwein
1 TL Dijonsenf
etwas Zitronensaft
Pfeffer (schwarz), Salz

4 Schaschlikspieße

Pflanzensteaks (Rezept S. 83) am Vortag zubereiten.

Kartoffeln in Salzwasser kochen.

Spargel schälen und in Salzwasser mit etwas Zitronensaft und dem Brötchen (bindet die Bitterstoffe) garen.

Die fertig gekochten Kartoffeln längs dritteln und jede Scheibe mit Muskat, Pfeffer und Salz würzen. In einer Pfanne mit heißem Öl von beiden Seiten goldgelb anbraten.

Pflanzensteaks halbieren und von beiden Seiten mit Senf bestreichen. Zusammen mit den fertigen Kartoffelscheiben abwechselnd auf einen Schaschlikspieß stecken. In eine Auflaufform setzen und bei 170° C Umluft für 15 Minuten in den Ofen geben.

Währenddessen die Hollandaise herstellen. Pfefferkörner zerdrücken, Schalotten würfeln und mit Weißweinessig und Wasser aufkochen. Alles so lange einkochen lassen, bis sich der Topfinhalt auf ein Drittel reduziert hat, dann durch ein Sieb abseihen. Die Flüssigkeit (Reduktion) – nicht die festen Bestandteile – aufbewahren.

In einem Topf Margarine zerlassen, mit Mehl bestäuben und kurz aufköcheln lassen. Mit Gemüsebrühe nach und nach aufgießen. Die Reduktion, Sojasahne, Weißwein und Senf hinzugeben. Von der Herdplatte nehmen und mit Zitronensaft, Pfeffer und Salz abschmecken.

Die Kartoffelburger zusammen mit dem Spargel auf Tellern anrichten und mit der Hollandaise übergießen.

Hawaii-Schnitzel

■■■■■■■■■■■■■■■■■■■■■■■■■

4 Personen | ca. 40 Minuten

4 Soja-Big Steaks (TVP)
1 l Gemüsebrühe (zum Einweichen)
2 TL Teriyakisoße
200 g Mehl
½ Pck Backpulver
100 ml kalte Sojamilch
1 TL mittelscharfer Senf
150 g Paniermehl
1 kleine Dose Ananas (Scheiben)
4 Scheiben pflanzlicher Käse –
alternativ: 1 Portion Hefeschmelz
(Rezept S. 26)
Majoran, Paprikapulver (edelsüß),
Pfeffer (schwarz), Salz
Öl zum Braten
etwas Johannisbeergelee zum Garnieren

Servier-Tipp

Dazu würde ich frischen Salat und
knusprige Pommes frites reichen.

Soja-Big Steaks ca. 15 Minuten mit kochender Gemüsebrühe bedecken und einweichen. Danach gut ausdrücken und mit Teriyakisoße, Majoran, Paprikapulver, Pfeffer und Salz würzen.

100 g Mehl und Backpulver mit Sojamilch zu einem glatten, kleisterartigen Teig (Nasspanade) verrühren und mit Senf und den Gewürzen pikant abschmecken. Alle Zutaten müssen kalt sein, damit die Kleber im Mehl binden.

Das restliche Mehl und Paniermehl in Schüsseln geben. Die Big Steaks zuerst mehlieren, dann durch die Nasspanade und zuletzt durch das Paniermehl ziehen.

Die panierten „Schnitzel" in einer Pfanne mit ausreichend Öl bei mittlerer Hitze von beiden Seiten ca. 2-3 Minuten goldbraun backen. Danach auf einen Teller mit Küchenpapier legen, damit das Fett aufgesogen wird.

Die „Schnitzel" jeweils mit 1-2 Scheiben Ananas und veganem Käse belegen und bei 200° C Umluft für 15 Minuten im Ofen überbacken.

Mit Johannisbeergelee garnieren und servieren.

Pommes frites selber machen - nichts einfacher als das:

10 große, mehligkochende Kartoffeln schälen und in bleistiftgroße Stifte schneiden. Die Stärke unter fließendem Wasser abwaschen und danach mit Küchenkrepp trocken tupfen, damit kein Wasser in das Fett gerät. In einem Topf ca. 5 cm hoch wasserfreies Pflanzenfett erhitzen. Wenn am Holzkochlöffel Blasen hochsteigen, ist das Fett ausreichend heiß.
Die Kartoffelstifte vorsichtig in das heiße Fett geben. 10 Minuten ausbacken, bis sie goldbraun sind. Dann mit einer Schaumkelle herausholen und auf Küchenpapier abtropfen lassen. Auf einen Teller geben und ordentlich mit Paprika und Salz würzen.

Noch ein Sicherheitshinweis:
Niemals Wasser in heißes Fett geben, sonst gibt es eine Fettexplosion! Brennendes Fett in die Spüle stellen und mit Geschirrtüchern abdecken, so dass die Sauerstoffzufuhr unterbunden wird. Das Feuer erstickt dann.

Vegane Cevapcici mit Djuvec-Reis

▼▼▼▼▼▼▼▼▼▼▼▼▼▼▼▼▼▼▼▼

4 Personen | ca. 45 Minuten

Zutaten für die Cevapcici

200 g Soja-Granulat (TVP)
1 l Gemüsebrühe (zum Einweichen)
1 große Zwiebel
4 Knoblauchzehen
4 EL frische Petersilie
1 Dose Kichererbsen
5 EL Sojamehl
100 g Paniermehl
1 TL Paprikapulver
1 TL Pfeffer
1 TL Salz
Olivenöl zum Braten

Zutaten für den Djuvec-Reis

3 EL Ollvenol
1 mittelgroße Zwiebel
1 rote Paprika
2 Knoblauchzehen
250 g Reis
500 ml passierte Tomaten
1 TL Gemüsebrühe-Pulver
Paprikapulver (edelsüß),
Pfeffer (schwarz), Salz

Cevapcici

Soja-Granulat ca. 15 Minuten mit kochender Gemüsebrühe bedecken und einweichen. Danach gut ausdrücken.

Zwiebel und Knoblauch schälen und sehr fein würfeln. Petersilie hacken. Kichererbsen mit einem Stabmixer pürieren und alles in eine Schüssel geben. Soja- und Paniermehl hinzufügen und die Masse gut durchkneten. Mit den Gewürzen in einer Schüssel vermengen und abschmecken.

2 cm dicke und 5 cm lange Würstchen daraus formen, auf ein Brett legen und mindestens eine halbe Stunde ruhen lassen, damit das Mehl quellen kann und dem Veggie-Hackfleisch etwas Festigkeit gibt. Währenddessen den Djuvec-Reis zubereiten.

Djuvec-Reis

Öl in einem Topf erhitzen. Zwiebel schälen, kleinschneiden und kurz mit andünsten. Paprika waschen und Knoblauch schälen und beides kleinschneiden. Zusammen mit Reis in den Topf geben und kurz mit dünsten. Die passierten Tomaten dazugießen und mit Gemüsebrühe- und Paprikapulver, Pfeffer und Salz würzen.

Einmal aufkochen lassen und dann bei kleiner Flamme weiter köcheln lassen. Von Zeit zu Zeit umrühren und mit etwas Wasser auffüllen, damit es nicht zu trocken wird und der Reis ausquellen kann. Nach ca. 25-30 Minuten ist der Reis gar. Eventuell noch einmal abschmecken.

Jetzt die Cevapcici mit Olivenöl bestreichen und 10-15 Minuten grillen oder braten. Zwischendurch wenden.

Rahmmedaillons an Nudeln

4 Personen | ca. 25 Minuten

500 g Nudeln
100 g Soja-Medaillons (TVP)
500 ml Gemüsebrühe (zum Einweichen)
1 mittelgroße Zwiebel
1 Knoblauchzehe
30 g Mehl
30 ml trockener Weißwein
250 ml Hafersahne
2 TL frischer, gehackter Schnittlauch
4 EL Hefeflocken
Pfeffer (schwarz), Kräutersalz
Öl zum Braten

Nudeln in Salzwasser al dente kochen und abgießen. In der Zwischenzeit die Medaillons ca. 15 Minuten mit kochender Gemüsebrühe bedecken und einweichen. Danach gut ausdrücken.

Medaillons in einer heißen Pfanne scharf anbraten. Zwiebel und Knoblauch schälen, fein würfeln und mit anbraten. Mit Mehl bestäuben und mit Weißwein ablöschen. Anschließend mit Hafersahne aufgießen und mit Schnittlauch, Hefeflocken, Pfeffer und Salz abschmecken.

Die Nudeln mit den Rahmmedaillons auf Tellern anrichten.

Pflanzensteak-Bagel

4 Personen | ca. 1 ½ Stunden

Zutaten für 8 Soja-Steaks
250 g Gluten
1 TL Majoran
1 TL Bärlauch
4 TL Hefeflocken
1 TL gehackte Kapern
200 g Tofu (natur)
350 ml Gemüsebrühe
2 EL Sojasoße
1 EL Erdnussöl
Pfeffer (schwarz), Salz
Öl zum Braten

Zutaten für die Marinade
100 g Tomatenmark
1 TL Zitronensaft
2 EL Agavendicksaft
Cayennepfeffer, Paprikapulver, Ingwer-
pulver, Knoblauchpulver, Pfeffer (bunt
geschrotet), Salz

Zutaten für die Bagel
4 Vollkorn-Bagel (aus dem Bioladen)
2 Tomaten
Salat- oder Gewürzgurken (je nach
Geschmack)
Röstzwiebeln
gemischter Salat

Gluten mit den Gewürzen verrühren. Bei Gluten ist es sehr wichtig, erst die „trockenen" Zutaten zu verrühren und separat dann die „nassen".

Tofu mit Gemüsebrühe, Sojasoße und Erdnussöl pürieren und unter die restlichen Zutaten kneten.

Aus der Masse 2 cm dicke und handflächengroße Steaks formen und diese (einzeln) erst in Alufolie und dann in einen Gefrierbeutel stecken. Im Anschluss die eingepackten Steaks (mit Gefrierbeutel) eine Stunde in köchelndem Wasser garen.

Die Steaks aus dem Wasser nehmen, Gefrierbeutel und Alufolie entfernen und etwas abkühlen lassen.

In der Zwischenzeit alle Zutaten für die Marinade miteinander verrühren. Die Steaks in ein Gefäß legen, von allen Seiten mit der Marinade bedecken und über Nacht ziehen lassen.

Am nächsten Tag die Steaks aus der Marinade nehmen und an-braten. Tomaten und Gurken waschen und in Scheiben schneiden. Bagel leicht antoasten und mit den Steaks und den restlichen Bagelzutaten belegen.

Die Marinade eignet sich sehr gut als Aufstrich für das Sandwich.

CornDogs mit Knoblauch-Dip

▪▪▪▪▪▪▪▪▪▪▪▪▪▪▪▪▪▪▪▪▪▪▪▪

4 Personen | ca. 25 Minuten

250 g Mehl
250 g Maismehl
1 Pck Backpulver
1 EL Zucker
1 TL Chilipulver
1 TL Pfeffer (weiß)
1 TL Salz
250 ml Pflanzenmilch
60 ml Öl
6 vegane HotDog-Würstchen –
alternativ: vegane Bratwürste
Öl zum Braten und Frittieren

Knoblauch-Dip (Rezept S. 21)

6 Schaschlikspieße

In einer großen Schüssel alle trockenen Zutaten (außer den „Würstchen") mischen. In einer kleinen Schüssel Pflanzenmilch und Öl verschlagen. Die flüssigen Zutaten auf die trockenen geben und so lange mit dem Schneebesen verrühren, bis ein glatter, nicht zu dünnflüssiger Teig entstanden ist. Den Teig ca. 10 Minuten zum Quellen ruhen lassen.

Knoblauch-Dip (Rezept S. 21) zubereiten.

Öl in einem Topf oder in einer Fritteuse erhitzen. In jedes Würstchen der Länge nach einen Schaschlikspieß stecken und in dem Teig wenden. Die CornDogs 4-5 Minuten goldbraun ausbacken und dann servieren.

85

Stroganoff sans Boeuf

4 Personen | ca. 30 Minuten

200 g Soja-Medaillons (TVP) –
alternativ: Soja-Schnetzel (TVP)
1 l Gemüsebrühe (zum Einweichen)
2 EL Sojasoße
20 ml Sonnenblumenöl
1 mittelgroße Zwiebel
200 g Champignons
5 Gewürzgurken
6 TL Margarine
40 g Tomatenmark
80 g Mehl
700 ml kalte Gemüsebrühe
250 ml Sojasahne
1 EL mittelscharfer Senf
1 Pr Zucker
50 ml Gurkenwasser
Saft einer Zitrone
2 Tassen Reis
Knoblauchgranulat, Paprikapulver
(scharf), Pfeffer (schwarz), Salz
etwas Sojajoghurt (natur) und frische,
gehackte Petersilie zum Garnieren

Reis mit 4 Tassen Wasser und einer Prise Salz kochen.

Soja-Medaillons ca. 15 Minuten mit kochender Gemüsebrühe bedecken und einweichen. Danach gut ausdrücken und in 1,5 cm dicke Streifen schneiden. Die Medaillonstreifen portionsweise in heißem Sonnenblumenöl anbraten, mit Sojasoße und je einem gestrichenen Teelöffel Paprikapulver, Pfeffer und Salz würzen und herausnehmen.

Zwiebeln schälen, Champignons putzen und alles in Streifen schneiden. Margarine in dem Topf auslassen und Zwiebeln und Champignons darin leicht anbraten. Mit Tomatenmark karamelisieren, dann Mehl drüber stäuben und kurz anschwitzen. Mit der kalten Gemüsebrühe nach und nach ablöschen und aufkochen lassen. Dann Sojasahne zugeben und Senf einrühren.

Gewürzgurken in Streifen schneiden und gemeinsam mit den Medaillonstreifen in den Topf geben. Auf kleiner Flamme die Soße etwas einkochen lassen und mit einer Prise Zucker, Gurkenwasser, Zitronensaft, Knoblauchgranulat, Pfeffer und Salz abschmecken.

Alles auf einem Teller anrichten und mit etwas Sojajoghurt und gehackter Petersilie garnieren.

Reis kann Arsenrückstände enthalten. Arsen gilt als krebserregend. Reis daher immer vor dem Kochen unter heißem Wasser gründlich abspülen.

Geräucherte Tofufilets unter einer Kartoffelkruste, auf „Sahne"- Wirsing mit Dijonsenfsoße

4 Personen | ca. 35 Minuten

6 mittelgroße Kartoffeln
1 Möhre
1 geh. TL Speisestärke
4 Tofu-Bratfilets – alternativ: 1 cm dicke
Räuchertofu-Scheiben
1 kleiner Wirsing
60 g kalte Margarine
1 mittelgroße Zwiebel
1 Knoblauchzehe
250 ml Gemüsebrühe
200 ml Sojasahne
1 TL Dijonsenf
2 cl Weißwein
Muskat, Pfeffer (schwarz), Salz
Öl zum Braten

Kartoffeln und Möhre schälen und grob raspeln. Mit Muskat, Pfeffer und Salz abschmecken und Speisestärke zugeben.

Die gewürzte Masse in einer Pfanne mit etwas Öl verteilen und anbraten, bis ein leicht brauner Rand entsteht. Die Tofufilets darauf legen und vorsichtig mit der Kartoffel-Möhren-Masse wenden. Leicht anbraten und anschließend mit der darüber liegenden Kartoffelkruste aus der Pfanne nehmen. In einer feuerfesten Form in den auf 180° C Umluft vorgeheizten Ofen geben und ca. 15 Minuten garen lassen.

Wirsing waschen, entstielen, in Rauten schneiden und in einer Pfanne mit 40 g Margarine andünsten. Zwiebel und Knoblauch schälen, in Würfel schneiden und zugeben. Mit Gemüsebrühe und Sojasahne auffüllen, mit Muskat, Pfeffer und Salz abschmecken und bei schwacher Hitze weiterköcheln lassen.

Den Wirsing mit einer Schaumkelle aus dem Sud nehmen und auf Tellern mittig anrichten. Zu dem Sud den Dijonsenf, Weißwein und die restliche kalte Margarine geben und mit einem Stabmixer gut aufschäumen – ggf. mit etwas angerührter Speisestärke binden.

Die Soße um den Wirsing verteilen, die Tofufilets mit Kartoffelkruste auf den Wirsing geben und servieren.

Zwiebelkuchen

▰▰▰▰▰▰▰▰▰▰▰▰▰▰▰▰▰▰

**ein Blech (ca. 30 x 40 cm) |
ca. 2 Stunden**

Zutaten für den Teig
500 g Mehl
375 ml kaltes Wasser
¼ Würfel frische Hefe
¾ EL Salz
3 EL Öl

Zutaten für den Belag
1 Bund Lauchzwiebeln
7 große Zwiebeln
200 g Räuchertofu
4 EL Margarine
5 TL Mehl
200 ml kalte Gemüsebrühe
100 ml kalte Hafersahne
8 EL Hefeflocken
1 EL Kümmel
Pfeffer (schwarz), Salz

Arbeitsfläche gut mit Mehl bestäuben. Die Zutaten für den Teig miteinander verkneten und für mindestens eine Stunde in einem Gefrierbeutel in den Kühlschrank stellen. Sollte der Teig zu feucht sein, etwas Mehl hinzugeben.

Lauchzwiebeln waschen, Zwiebeln schälen und beides in feine Ringe schneiden. Margarine in einer großen Pfanne mit hohem Rand auslassen. Tofu würfeln und in der Margarine knusprig anbraten. Dann die (Lauch-)Zwiebeln dazugeben und glasig dünsten. Mit Mehl bestäuben und anschwitzen. Gemüsebrühe und Hafersahne nach und nach zugeben und unter ständigem Rühren langsam aufkochen lassen. Mit Hefeflocken, Kümmel (macht die Zwiebeln bekömmlicher!), Pfeffer und Salz würzen.

Den fertigen Teig auf einem mit Backpapier ausgelegten Blech ausrollen und mit einer Gabel etwas einstechen. Die (Lauch-)Zwiebelmasse auf den Teig geben.

Bei 200° C Umluft ca. 30-45 Minuten backen, bis die Oberfläche goldgelb gebräunt ist und der Rand beim Draufklopfen hohl klingt.

Servier-Tipp

Ein bunter Salat und ein Glas Federweißer (optional Traubensaft) runden dieses herbstliche Gericht ab.

Pizza

**ein Blech (ca. 30 x 40 cm) |
ca. 2 Stunden**

Zutaten für den Teig
500 g Mehl
375 ml kaltes Wasser
¼ Würfel frische Hefe
¾ EL Salz
3 EL Olivenöl

Zutaten für die Tomatensoße
500 g passierte Tomaten
2 EL Olivenöl
1 Spritzer Zitronensaft
etwas Zucker
Oregano, Basilikum, Pfeffer (schwarz),
Salz

Zutaten für den Belag
1 Paprika
1 mittelgroße Zwiebel
100 g Champignons
150 g geriebener pflanzlicher Käse –
alternativ: 1 Portion Hefeschmelz
(Rezept S. 26)

Arbeitsfläche gut mit Mehl bestäuben. Die Zutaten für den Teig miteinander verkneten und für mindestens eine Stunde in einem Gefrierbeutel in den Kühlschrank legen. Sollte der Teig zu feucht sein, etwas Mehl hinzugeben.

Die Zutaten für die Tomatensoße in einer Schüssel verrühren.

Paprika waschen, Zwiebel schälen, Champignons putzen und alles in Scheiben schneiden.

Den fertigen Teig auf einem mit Backpapier ausgelegten Blech ausrollen und mit einer Gabel den Teig etwas einstechen. Die Pizza mit der Tomatensoße bestreichen und mit Gemüse und pflanzlichem Käse belegen.

Bei 200° C Umluft ca. 30-45 Minuten backen, bis die Oberfläche goldgelb gebräunt ist und der Rand beim Draufklopfen hohl klingt.

Chili sin Carne

4 Personen | ca. 35 Minuten

200 g Räuchertofu
1 mittelgroße Zwiebel
2 rote Chilis –
alternativ: 1 gestr. TL Chilipulver
2 Knoblauchzehen
4 EL frische, gehackte Petersilie
1 kleine Dose Kidneybohnen
1 kleine Dose Mais
100 g Tomatenmark
200 g geviertelte Tomaten (aus der Dose)
150 ml Gemüsebrühe
Paprikapulver (scharf), Pfeffer (schwarz), Salz
Rapsöl zum Braten

Tofu in kleine Stücke zerbröseln. Zwiebel und Knoblauch schälen und zusammen mit den Chilis sehr fein schneiden. Kidneybohnen und Mais abtropfen lassen.

Anschließend den Tofu in einer heißen Pfanne scharf anbraten. Zwiebeln, Chilis und Knoblauch zugeben und mit andünsten. Tomatenmark beimischen und kurz mit anbraten. Kidneybohnen und Mais hinzufügen. Mit den Dosentomaten und Gemüsebrühe ablöschen und mit Schnittlauch, Paprikapulver, Pfeffer und Salz abschmecken.

Bei kleiner Hitze ca. 20 Minuten köcheln lassen.

Servier-Tipp

Baguettebrot zum Chili lindert die Schärfe und mit Nachos lässt es sich herrlich dippen.

Nudeln mit Sojafleisch und „Käse"

4 Personen | ca. 30 Minuten

500 g Nudeln
100 g Soja-Medaillons (TVP) –
alternativ: Soja-Schnetzel (TVP)
500 ml Gemüsebrühe (zum Einweichen)
1 mittelgroße Zwiebel
1 Knoblauchzehe
100 ml Hafersahne
100 g geriebener Sojakäse – alternativ:
200 ml Sojasahne mit 4 EL Hefeflocken
vermischen
2 TL frischer, gehackter Schnittlauch
4 EL Hefeflocken
Majoran, Curry, Paprikapulver (edelsüß),
Pfeffer (schwarz), Kräutersalz
Öl zum Braten

Nudeln in Salzwasser al dente kochen und abgießen. In der Zwischenzeit die Medaillons ca. 15 Minuten mit kochender Gemüsebrühe bedecken und einweichen. Danach gut ausdrücken.

Medaillons in kleine Stücke schneiden und in der heißen Pfanne scharf anbraten. Zwiebel und Knoblauch schälen, fein würfeln und mit anbraten. Mit Hafersahne ablöschen. Sojakäse hinzugeben und mit Schnittlauch, Hefeflocken und den Gewürzen abschmecken.

Den Pfanneninhalt unter die Nudeln heben und servieren.

Kohlrouladen

▬▬▬▬▬▬▬▬▬▬▬▬▬▬▬▬▬▬▬

4 Personen | ca. 1 ½ Stunden

Soja-Hackfleisch (Rezept S. 69)
1 kg Weißkohl
2 mittelgroße Zwiebeln
2 EL frische, gehackte Petersilie
2 EL Margarine
4-5 Wacholderbeeren
100 ml Weißwein
250 ml Gemüsebrühe
100 ml Hafersahne
3-4 TL dunkler Soßenbinder – alternativ:
Speisestärke (in etwas kaltem Wasser
angerührt)
Pfeffer (schwarz), Salz

Küchengarn

Strunk keilförmig aus dem Weißkohl schneiden. Anschließend den Weißkohl am Strunkansatz mit einer „Fleischgabel" aufspießen und kopfüber in einen Topf mit kochendem Salzwasser tauchen. Nach und nach 12 Blätter ablösen, gut abtrocknen und die dicken Blattrippen mit einem Messer keilförmig herausschneiden.

Soja-Hackfleisch (Rezept S. 69) zubereiten.

Zwiebeln schälen, fein würfeln und die Hälfte zum Soja-Hackfleisch geben. Mit Petersilie, Pfeffer und Salz verkneten. Aus der „Hackfleisch"-Masse 12 Röllchen formen und auf die Weißkohl-Blätter legen. Die Blattränder einschlagen und die Blätter aufrollen. Die Kohlrouladen mehrfach über Kreuz mit Küchengarn umwickeln.

Margarine in einem Bräter erhitzen und die Rouladen rundum hellbraun darin anbraten. Die restlichen Zwiebeln zugeben und eine Minute mitbraten. Wacholderbeeren zerdrücken und untermischen. Mit Weißwein ablöschen und einkochen lassen. Anschließend mit Gemüsebrühe aufgießen und bei 180° C Umluft für 40-50 Minuten in den vorgeheizten Ofen geben.

Danach die Rouladen aus dem Sud nehmen und mit Alufolie abgedeckt im vorgeheizten Ofen bei ca. 100 Grad warm halten.

Den Sud durch ein Sieb gießen und die Hafersahne einrühren. Ca. 2 Minuten aufkochen lassen und salzen und pfeffern. Soßenbinder einrühren und erneut aufkochen lassen.

Rouladen auf Tellern anrichten und mit der Soße übergießen.

Servier-Tipp

Eine klassische Beilage zu Kohlrouladen sind Salzkartoffeln.

Knusper-„Schaschlik"spieße mit krossen Kartoffel-/Gemüsewedges und Salsa

4 Personen | ca. 50 Minuten

Zutaten für die Kartoffel-/Gemüsewedges

2 kg mehligkochende Kartoffeln
200 g rote Paprika
50 g Bio-Zitronen
100 ml Olivenöl
1 TL Knoblauchgranulat
1 TL Paprikapulver (edelsüß)
1 TL Pfeffer (schwarz)
1 TL Salz

Zutaten für die Knusper-„Schaschlik"spieße

200 g Soja-Medaillons (TVP)
1 l Gemüsebrühe (zum Einweichen)
50 ml Teriyakisoße
20 g frischer Ingwer
1 TL Paprikapulver (edelsüß)
1 TL Pfeffer (schwarz)
1 TL Salz
150 g Paprika (bunt)
100 g Gemüsezwiebeln
Sonnenblumenöl zum Braten

„Schnelle Salsa" (Rezept S. 20)

Schaschlikspieße

Kartoffeln und Paprika waschen und mit den Zitronen je nach Größe vierteln oder achteln. Mit Olivenöl begießen und mit Knoblauchgranulat, Paprikapulver, Pfeffer und Salz würzen.

Bei 200° C Umluft ca. 40 Minuten auf einem mit Backpapier ausgelegtem Backblech in den Ofen geben.

Soja-Medaillons ca. 15 Minuten mit kochender Gemüsebrühe bedecken und einweichen.

Ingwer sehr fein würfeln. Zusammen mit Teriyakisoße, Paprikapulver, Pfeffer und Salz eine Marinade herstellen. Die Medaillons gut ausdrücken und in der Marinade ca. 1 Stunde im Kühlschrank zlehen lassen.

Paprikas waschen, Zwiebeln schälen und zusammen mit den Medaillons in gleichgroße Stücke (wegen des Garpunktes) schneiden und würzen. Danach abwechselnd auf die Schaschlikspieße stecken und in einer Pfanne mit heißem Öl von allen Seiten knusprig anbraten.

Im Anschluss für 12-15 Minuten bei 180° C Umluft in den Backofen geben, damit alles schön knusprig wird.

Währenddessen die „Schnelle Salsa" (Rezept S. 20) zubereiten.

Profi-Tipp

Wenn zum Grillen auf einem Holzkohlegrill Spieße aus Holz genutzt werden sollen, müssen diese eine Stunde vorher in Wasser eingelegt werden, da sie sonst verbrennen.

Ungarische Gulaschsuppe

4 Personen | ca. 50 Minuten

100 g Soja-Medaillons (TVP) –
alternativ: Soja-Würfel (TVP)
500 ml Gemüsebrühe (zum Einweichen)
2 EL Sojasoße
3 mittelgroße Zwiebeln
100 g Champignons
1 grüne Paprika
1 Knoblauchzehe
200 g Kartoffeln
30 g Margarine
2 TL Senf
50 g Tomatenmark
3 EL Mehl
50 ml Rotwein
200 ml kalte Gemüsebrühe
50 ml Orangensaft
400 g geschälte, geviertelte Tomaten
(aus der Dose)
Kümmel (gemahlen), Majoran, Paprikapulver (scharf), Paprikapulver (edelsüß),
Pfeffer (schwarz), Salz
Öl zum Braten

Soja-Medaillons ca. 15 Minuten mit kochender Gemüsebrühe bedecken und einweichen.

Zwiebeln und Knoblauch schälen, Champignons putzen, Paprika waschen und alles in Würfel schneiden.

Die Medaillons gut ausdrücken und in Würfel schneiden. Mit Soja-soße und je einem gestrichenen Teelöffel Paprikapulver (scharf), Pfeffer und Salz herzhaft würzen. Danach in einer heißen Pfanne mit etwas Öl und den Zwiebeln anbraten, bis sie knusprig braun werden.

Kartoffeln schälen und in gleichgroße Stücke schneiden. In einem Topf die Margarine auslassen und Champignons- und Paprikawür-fel darin anbraten. Anschließend die angebratenen Soja-Würfel sowie die Kartoffelstücke dazugeben. Knoblauchwürfel, Tomaten-mark, Senf, Kümmel, Majoran und Paprikapulver (edelsüß) eben-falls in den Topf geben und kurz anrösten. Mit Mehl bestäuben, kurz aufköcheln lassen und mit Rotwein ablöschen.

Zum Schluss mit Gemüsebrühe, Orangensaft und den Dosen-Tomaten auffüllen und 30 Minuten bei kleiner Hitze köcheln lassen. Ggf. mit „Sahne" und frischer Petersilie verfeinern.

Servier-Tipp

Dazu passt wunderbar frisches Baguette-brot, welches aus dem Pizzateig (Rezept S. 93) gemacht werden kann.

103

Zartes Geschnetzeltes an Safranreis

4 Personen | ca. 50 Minuten

150 g Soja-Schnetzel (TVP)
750 ml Gemüsebrühe (zum Einweichen)
1 mittelgroße Zwiebel
1 Knoblauchzehe
4 EL Margarine
150 g Champignons
30 g Mehl
50 ml trockener Weißwein
200 ml Hafersahne
Pfeffer (weiß), Salz

Zutaten für den Safranreis

250 g Basmatireis
3 rote Zwiebeln
2 EL Margarine
1 TL Zucker
1 Pr Safranfäden
50 ml Gemüsebrühe
Salz

Soja-Schnetzel ca. 15 Minuten mit kochender Gemüsebrühe bedecken und einweichen. Danach gut ausdrücken.

Zwiebel und Knoblauch schälen und in feine Würfel schneiden. Champignons putzen und in Scheiben schneiden

Die Schnetzel mit Pfeffer und Salz würzen und mindestens eine Stunde im Kühlschrank ziehen lassen.

Anschließend Margarine in einer heißen Pfanne auslassen und die Soja-Schnetzel darin anbraten. Zwiebel- und Knoblauchwürfel dazugeben und glasig anbraten. Danach die Champignonsscheiben in der Pfanne mit andünsten.

Das Bratgut sollte keine Farbe annehmen, da wir eine helle Soße haben wollen. Mit Pfeffer und Salz würzen, anschließend mit Mehl bestäuben. Weißwein zum Ablöschen hinzugeben und mit Hafersahne auffüllen.

Alles kurz aufkochen, vom Herd nehmen und vor dem Servieren noch einmal mit Pfeffer und Salz nachwürzen.

Safranreis

Reis heiß abspülen und in reichlich Salzwasser kochen, bis er bissfest ist. Dann in ein Sieb geben und die Stärke abspülen.

Zwiebeln schälen, halbieren und in sehr dünne Scheiben schneiden. In einer Pfanne mit Margarine die Zwiebeln anschwitzen. Mit Zucker bestreuen und diesen karamellisieren lassen.

Anschließend mit Salz würzen und die Safranfäden untermischen. Mit Gemüsebrühe ablöschen und kurz dünsten. Zuletzt den Pfanneninhalt in einer Schüssel mit dem Reis vermischen.

Omas Rouladen in Bratensoße mit Apfel-Rotkohl und Kartoffelknödeln

4 Personen | ca. 1 ½ Stunden

Zutaten für die Kartoffelknödel
500 g mehligkochende Kartoffeln
(gepellt, am Vortag gekocht)
1 kg mehligkochende Kartoffeln
(geschält, roh)
1 TL Salz
2 TL Speisestärke
ggf. etwas Grieß

Zutaten für die Rouladen
8 Soja-Big Steaks (TVP)
1,5 l Gemüsebrühe (zum Einweichen)
3 mittelgroße Zwiebeln
1 kleines Glas süßeingelegte Gurken
100 g Räuchertofu
2 Knoblauchzehen
3 TL Tomatenmark
100 g Mehl
100 ml trockener Rotwein
50 ml Gurkenwasser (von den
eingelegten Gurken)
3 EL Sojasoße
2 Nelken
1 Lorbeerblatt
1 TL Majoran
1 gestr. TL Kümmel
1 gestr. TL Curry
1 gestr. TL Paprikapulver (edelsüß)
1 gestr. TL Pfeffer (schwarz)
1 Pr Muskat
1 TL Salz

Kartoffelknödel
Die gekochten Kartoffeln vorsichtig mit einer feinen Gemüsereibe reiben und beiseite stellen.
Die rohen Kartoffeln ebenfalls fein reiben und mit einem Küchentuch auspressen. Es muss eine sehr trockene, „strohige" Masse entstehen.

Jetzt beide Kartoffelmassen mischen, Speisestärke zugeben, salzen und alles gut vermengen. Sollte die Kartoffelmasse kleben, etwas Grieß zugeben. Aus der Masse Billardkugel-große Klöße formen und in leicht gesalzenem, siedendem Wasser 20 Minuten garen lassen. Keinen Deckel auf den Topf und nicht zu viele Klöße in den Topf geben, sonst kleben diese aneinander.

Rouladen
Soja-Big Steaks ca. 15 Minuten mit kochender Gemüsebrühe bedecken und einweichen. Danach gut ausdrücken

In der Zwischenzeit eine Zwiebel schälen und in kleine Streifen schneiden und die Gurken der Länge nach halbieren. Räuchertofu mit einem Sparschäler in feine Scheiben schneiden und in einer Pfanne mit heißem Fett anbraten.

Die Big Steaks auf eine Arbeitsfläche legen und von beiden Seiten mit Senf bestreichen. Dann jeweils ein Stück Zwiebel, Gurke und eine gebratene Scheibe Räuchertofu hineinlegen, zusammenrollen und mit Küchengarn oder Zahnstochern fixieren.

Einen Brattopf anheizen und die Rouladen darin von allen Seiten gut anbraten.

Die restlichen Zwiebeln und den Knoblauch schälen, fein würfeln und in einem Bräter mit etwas Öl anbraten. Tomatenmark hinzu-

100 ml Hafersahne
frische, gehackte Petersilie
etwas Senf
Öl zum Braten

Zutaten für den Apfel-Rotkohl
1 kleiner Kopf Rotkohl
3 rote Zwiebeln
25 g Zwiebelschmalz
3 EL brauner Zucker
1 Apfel (säuerlich)
2 EL Preiselbeerkompott

Zutaten für die Marinade
100 ml frisch gepresster Orangensaft
100 ml Balsamico
100 ml Rotwein
100 ml Portwein
1 TL Gewürznelken
1 TL Zimt
1 TL Koriander
½ TL Pfefferkörner (zerdrückt)
Salz

Küchengarn oder Zahnstocher

geben und so lange anbraten, bis es bräunlich geworden ist. Dann mit Mehl bestäuben und mit Rotwein, Gurkenwasser und etwas Gemüsebrühe ablöschen und glattrühren. Danach Sojasoße hinzugeben und alles mit den Gewürzen abschmecken. Die angebratenen Rouladen hineinsetzen. Den Bräter mit Deckel in den Backofen stellen und das Ganze bei 180° C Umluft 30 Minuten garen.

Zum Schluss etwas Hafersahne hinzugeben. Falls euch die Soße noch zu flüssig ist, lasst sie weiter einkochen oder bindet sie mit etwas Speisestärke.

Rotkohl
Rotkohl von den äußeren Blättern und vom Strunk befreien und in feine, mundgerechte Stücke schneiden.

Zwiebeln schälen, in Ringe schneiden und in einem großen Topf in Öl und Zwiebelschmalz leicht anschmoren. Apfel waschen und in kleine Stücke schneiden. Wenn die Zwiebeln etwas Farbe bekommen haben, mit braunen Zucker bestreuen, die Apfelstücke hinzugeben und karamellisieren lassen.

In der Zwischenzeit alle Zutaten für die Marinade miteinander verrühren und gemeinsam mit dem Rotkohl in den Topf geben. Die Preiselbeermarmelade unterheben und auf dem Herd bei mittlerer Temperatur köcheln lassen, bis die gewünschte Konsistenz erreicht ist. Vor dem Servieren noch einmal mit Pfeffer und Salz abschmecken.

Desserts und Kuchen

Blitzschnelles, geeistes Himbeer-Cashew-Sorbet

4 Personen | ca. 5 Minuten

400 g Himbeeren (gefroren)
100 g Cashewkerne (ungesalzen)
4 EL Agavendicksaft
100 ml Hafersahne
1 EL Vanillezucker

Cashewkerne über Nacht in Wasser einlegen.

Alle Zutaten in ein hohes Gefäß geben und mit einem Stabmixer zu einer gleichmäßigen Masse verarbeiten.

Das fertige Sorbet sofort servieren, da es sonst seine Konsistenz verliert.

Statt Himbeeren können auch andere gefrorene Früchte verwendet werden!

Schnelle (Avocado-)Mousse au Chocolat

4 Personen | ca. 5 Minuten

3-4 vollreife (Hass-)Avocados
40 g stark entöltes Kakaopulver
3-4 EL Agavendicksaft
200 ml Hafersahne
Mark einer Vanilleschote

Avocados halbieren und den Kern mit einem Küchenmesser entfernen. Das Fruchtfleisch mit einem Löffel auskratzen und zusammen mit den anderen Zutaten in ein hohes Gefäß geben. Mit einem Stabmixer zu einer gleichmäßigen Masse verarbeiten und abschmecken.

Die fertige Mousse in Schälchen verteilen und kalt stellen oder direkt servieren.

Wer es gerne süßer mag, kann noch 3-4 Datteln und 1-2 vollfreie Bananen dazugeben und mit pürieren.

Servier-Tipp

Wenn ihr die ausgekratzte Vanilleschote in ein Gefäß mit Zucker steckt und verschließt, habt ihr nach einer Woche leckeren, selbstgemachten Vanillezucker!

Blaubeerpfannkuchen

4 Personen | ca. 25 Minuten

500 g Weizenmehl
1 Pck Backpulver
125 g Puderzucker
750 ml Mineralwasser (mit Kohlen-
säure)
300 g Blaubeeren
3 EL Speisestärke
1 Pr Salz
Öl zum Braten

Mehl, Backpulver, Puderzucker, Salz und Mineralwasser in eine große Schüssel geben, gut mischen und zu einem glatten Teig verarbeiten.

Öl in einer Pfanne erhitzen und eine Kelle des Pfannkuchenteigs in die Mitte der Pfanne geben, eventuell etwas verstreichen. Wenn die Ränder sichtbar fest geworden sind, den Pfannkuchen wenden und von der anderen Seite ebenfalls goldbraun backen.

Blaubeeren pürieren und mit etwas Wasser kurz aufkochen lassen. Nach Belieben süßen. Speisestärke mit etwas kaltem Wasser anrühren und das Blaubeermus damit abbinden.

Die fertigen Pfannkuchen mit dem Blaubeermus bestreichen und servieren.

Servier-Tipp

Eine Kugel pflanzliches Vanilleeis macht den Pfannkuchen-Genuss perfekt!

Vanillepudding

4 Personen | ca. 10 Minuten

500 ml Pflanzenmilch (Vanillegeschmack)
2 EL Zucker
2 EL Vanillezucker
40 g Speisestärke
3 EL Vanilleextrakt (gemahlen)

Zwei Drittel der Pflanzenmilch mit Zucker und Vanillezucker in einen Topf geben und unter ständigem Rühren mit einem Schneebesen aufkochen.

Das restliche Drittel der Pflanzenmilch mit Speisestärke und Vanilleextrakt (ebenfalls mit einem Schneebesen) vermischen, so dass eine Masse ohne Klümpchen entsteht.

Wenn die Pflanzenmilch im Topf kocht, das Pflanzenmilch-Stärke-Vanille-Gemisch unterrühren und erneut aufkochen lassen. Dabei beständig weiterrühren. Nach dem Aufkochen die Herdplatte abschalten und unter Rühren ca. eine Minute weiterkochen lassen.

Dann von der Herdplatte nehmen und abkühlen lassen. Portionsweise in mit kaltem Wasser ausgespülte Schalen füllen und kalt stellen.

Zitronencreme

4 Personen | ca. 25 Minuten

200 ml kalte, aufschlagbare Sojasahne
2 gestr. TL Agar-Agar
200 ml Sojamilch
100 g Zucker
1 Pr Salz
100 ml frisch gepresster Zitronensaft
1 geriebene (Bio-)Zitronenschale

Sojasahne schlagen und kühl stellen.

Agar-Agar in Sojamilch, Zucker, Salz und dem Abrieb einer Bio-Zitrone aufkochen. Zitronensaft zugeben und die heiße Masse etwas abkühlen lassen.

Die geschlagene Sahne unterheben. Die Zitronencreme zügig in mit kaltem Wasser ausgespülte kleine Schalen füllen und kalt stellen oder direkt servieren.

Tiramisu

**4 Personen | ca. 25 Minuten
(+ 1 Stunde Ruhezeit)**

500 ml Sojamilch
100 g Zucker
1 TL Zitronensaft
1 Pck Vanillezucker
1 Pck Vanillepuddingpulver
2 Pck Sahnesteif
200 g Kokosfett
125 g Zwieback
450 ml kalter Kaffee
50 g Kakaopulver

200 ml Sojamilch, Zucker, Zitronensaft und Vanillezucker verrühren.

Vanillepuddingpulver nach Packungsanleitung kochen (aber nur mit 300 ml Sojamilch!) und anschließend mit Sahnesteif verrühren. Den Vanillepudding zum Sojamilch-Gemisch geben und gut vermischen. Während des Mixens langsam das Kokosfett dazugeben.

Zwieback in kalten Kaffee tauchen. Danach eine Schicht Zwieback und darauf eine Schicht Puddingmasse in eine rechteckige Form geben und das Ganze noch einmal wiederholen.

Das Tiramisu eine Stunde in den Kühlschrank stellen und kurz vor dem Servieren noch das Kakaopulver darüber sieben.

Frozen Banana Ice

4 Personen | ca. 5 Minuten

4-5 vollreife Bananen
3 entsteinte Datteln
1 EL Agavendicksaft
100 ml Hafersahne
1 TL Vanillepulver
1 Spritzer frische Zitrone

leistungsstarker Mixer

Bananen schälen, in kleine Stücke schneiden und über Nacht ins Gefrierfach stellen.

Die gefrorenen Bananen mit den restlichen Zutaten in einen leistungsstarken Mixer geben und zu einer gleichmäßigen Masse mixen.

Die Bananenmasse in kleine Schalen geben und servieren.

Gebrannter Apfelscheiterhaufen

4 Personen | ca. 20 Minuten

4 mittelgroße Äpfel
300 ml kalte, aufschlagbare Sojasahne
2 cl Kirschwasser
1 Pck Vanillezucker
4 Kugeln pflanzliches Eis (Vanille-geschmack)
Zitronensaft
Zucker
Puderzucker

Äpfel schälen, entkernen, grob raspeln und mit Zitronensaft beträufeln. Sojasahne schlagen und unterheben. Kirschwasser, Vanillezucker und Zucker (nach Geschmack) zugeben.

Je eine Kugel Eis in vier feuerfeste Gefäße geben Die Apfelmasse auf die Eiskugeln häufen.
Großzügig Puderzucker drüberstreuen und mit einem Bunsen-brenner karamellisieren.

Wer keinen Chemiebaukasten daheim hat, kann stattdessen selbstgemachte Karamellsoße darüber gießen!

Karamellsoße

350 ml | ca. 15 Minuten

50 ml Wasser
200 g Zucker
50 g Margarine
170 ml Hafersahne

Wasser und Zucker langsam zum Köcheln bringen, dabei immer gut umrühren. Wenn die Masse kocht, die Hitzezufuhr drosseln. 10-15 Minuten leicht köcheln lassen, bis die Masse goldbraun ist.

Dann Margarine unter die Masse rühren und schmelzen lassen. Nach und nach unter stetigem Rühren die Hafersahne zugeben. Wenn die Soße schön sahnig geworden ist, über die Apfelmasse gießen und servieren.

In einem luftdichten Gefäß hält sich die Karamellsoße im Kühl-schrank ca. 10 Tage.

Blätterteig-Törtchen mit Kirschen

4 Personen | ca. 30 Minuten

450 g Blätterteig (in Scheiben)
1 Glas Sauerkirschen
3 EL Speisestärke
100 g Zucker
1 Pck Vanillezucker

Blätterteigscheiben auftauen und halbieren. Die Hälften jeweils in eine Muffinform legen und vorsichtig an den Seiten fest drücken.

Kirschen in ein Sieb geben und die Flüssigkeit in einem Topf auffangen. 2 EL Kirschsaft abnehmen und die Speisestärke darin auflösen.

Den restlichen Kirschsaft mit Zucker und Vanillezucker aufkochen. Die aufgelöste Speisestärke vorsichtig dazu geben. Anschließend die Kirschen zusammen mit dem Kirschsaft aufkochen.

Die Kirschmasse in den Blätterteig füllen und bei 180° C Umluft ca. 20-25 Minuten goldbraun backen.

Butterkuchen

ein Blech | ca. 40 Minuten

Zutaten für den Teig

300 ml Kokosmilch
80 ml aufschlagbare Sojasahne
250 g Zucker
1 Pck Vanillezucker
5 TL Sojamehl
300 g Mehl
1 Pck Backpulver

Zutaten für den Belag

200 g weiche Margarine
250 g Zucker
1 Pck Vanillezucker
50 ml aufschlagbare Sojasahne
300 g Mandelblättchen oder -stifte –
alternativ: gemahlene Mandeln

Teig

Kokosmilch, Sojasahne, Zucker, Vanillezucker und Sojamehl gut
verrühren. Mehl und Backpulver mischen, zu der Masse geben
und wieder gut verrühren.

Den Teig auf ein gefettetes und bemehltes Backblech streichen.
Bei 200° C Umluft ca. 10-15 Minuten vorbacken, bis der Teig
leicht bräunlich ist.

Belag

In der Zwischenzeit für den Belag Margarine mit Zucker, Vanillezucker und Sojasahne verrühren. Mandeln dazu geben und ebenfalls gut mischen.

Den Belag gleichmäßig auf den Kuchen verteilen und nochmals
bei 200° C Umluft ca. 10-15 Minuten goldbraun backen.

*Anstelle von Sojasahne kann auch Kokossahne verwendet
werden, die dem Kuchen eine etwas feinere Note verleiht.*

Marmorkuchen

**eine 35 cm-Kastenform |
ca. 70 Minuten**

200 g weiche Margarine
240 g Zucker
4 EL Sojamehl
700 ml Sojamilch
50 ml Hafersahne
100 g Speisestärke
400 g Mehl
1 Pck Backpulver
40 g Kakaopulver
etwas Paniermehl für die Form

Margarine mit 200 g Zucker schaumig rühren. Sojamehl, 500 ml Sojamilch und Hafersahne dazugeben und verrühren.

Speisestärke, Mehl und Backpulver sieben und mischen. Die Mischung nach und nach unter die schaumige Margarinemasse geben.

Die Hälfte des Teiges in eine gefettete und leicht panierte Form geben. Den restlichen Teig mit dem Kakaopulver, 200 ml Sojamilch und 40 g Zucker verrühren. Die Kakaomasse nun auch in die Form geben und mit einer Gabel spiralförmig durch den hellen Teig ziehen.

Bei 180° C Umluft ca. 50-60 Minuten backen. Holzstabprobe machen.

Profi-Tipp

Durch „Aprikotieren" erhalten Kuchen einen feinen Glanz und bleiben länger frisch. Dafür erhitzt ihr Aprikosenkonfitüre in einem Topf mit Wasser und ggf. ein wenig Zucker und bestreicht anschließend den noch ofenwarmen Kuchen damit.

Käsekuchen mit Himbeer-Topping – „Austria-Style"

eine 22 cm-Springform |
ca. 70 Minuten

Zutaten für den Teig

200 g Mehl
120 g Zucker
½ Pck Backpulver
2 EL Sojamehl
4 EL Wasser
125 g Margarine (Alsan)
Salz

Zutaten für die Füllung

70 g Speisestärke
1 EL Sojamehl
6 EL Sojamilch
500 g Sojajoghurt (Vanille)
100 g geschmolzene Margarine (Alsan)
100 g Zucker
1 Pck Vanillezucker
etwas Zitronensaft

Zutaten für das Himbeertopping

300 g Himbeeren (tiefgefroren)
350 ml Himbeersaft
20 g Speisestärke
Zucker (nach Geschmack)

Profi-Tipp

Alufolie während des Backens auf den Kuchen legen verhindert eine ungleichmäßig Bräunung (zum Beispiel verbrannte Krusten, während der Kuchen in der Mitte noch flüssig ist).

Teig

Zuerst die Trockenzutaten vermischen, dann die restlichen Zutaten zugeben. Alles mit einem Handrührgerät zu einem glatten Teig verarbeiten und 30 Minuten im Kühlschrank ruhen lassen.

Den Teig gleichmäßig in einer gefetteten und bemehlten Form verteilen. Den Rand etwas „hochziehen", damit beim Backen ein schöner Kuchenrand entsteht, der die Füllung zusammenhält.

Füllung

Speisestärke und Sojamehl in einer Schüssel mit Sojamilch vermischen. In einem zweiten Gefäß Sojajoghurt, Margarine, Zucker und Vanillezucker mit Zitronensaft vermengen. Anschließend alle Zutaten zusammenmixen und als Füllung auf den Kuchenteig in der Form verteilen.

Bei 160° C Umluft ca. 45 Minuten backen, Holzstabprobe machen, es darf beim Herausziehen kein flüssiger Teig mehr am Holzstab sein!

Himbeertopping

Wenn der Kuchen ausgekühlt und fertig ist, kommt das Himbeertopping drauf: Die tiefgefrorenen Himbeeren mit dem Himbeersaft (oder Wasser) aufkochen und pürieren. Zucker nach Geschmack hinzufügen und etwas in Wasser gelöste Speisestärke dazugeben und aufkochen lassen. Das Topping sollte eine feste Konsistenz haben, damit es auf dem Kuchen nicht allzu sehr zerläuft. Mit einem großen Löffel das Topping gleichmäßig auf dem Kuchen verteilen.

Vor dem Servieren gut abkühlen lassen.

Russischer Zupfkuchen

eine 22 cm-Springform |
ca. 60 Minuten

Zutaten für den Teig
200 g Mehl
120 g Zucker
½ Pck Backpulver
30 g Kakaopulver
2 EL Sojamehl
1 Pr Salz
125 g Margarine
4 EL Wasser

Zutaten für die Füllung
2 Pck Vanillepuddingpulver
2 EL Sojamehl
8 EL kalte Pflanzenmilch (Vanille-
geschmack)
185 g Margarine
750 g Sojajoghurt (natur)
180 g Zucker
2 Pck Vanillezucker

Teig
Zuerst die Trockenzutaten vermischen, dann die restliche Zutaten
zugeben. Alles mit einem Handrührgerät zu einem glatten Teig
verarbeiten und 30 Minuten im Kühlschrank ruhen lassen.

Danach zwei Drittel des fertigen Teiges gleichmäßig in einer gefetteten und bemehlten Form verteilen. Den Rand etwas „hochziehen", damit beim Backen ein schöner Kuchenrand entsteht.

Füllung
Puddingpulver und Sojamehl in dem kalten Vanilledrink anrühren.
Margarine in einem Topf erhitzen. Mit allen weiteren Zutaten ver-
rühren und die Masse in die Springform gießen.

Vom Rest des Kakaoteiges kleine Portionen abnehmen und auf
der Kuchenmasse verteilen.

Bei 170° C Umluft ca. 35-40 Minuten backen. Holzstabprobe
machen.

Jérôme Eckmeier
der Rock 'n' Roll-Veganer

Alles begann im zarten Alter von sieben Jahren. Meine Eltern beschlossen Ende der 70er Jahre sich vegetarisch zu ernähren. Da ich zur Waldorfschule ging, war eine gesunde Ernährung für meine Eltern sehr wichtig und in meinem Leben haben biologisch erzeugte Lebensmittel immer eine große Rolle gespielt; das Einkaufen im Bioladen hat mich stark geprägt.

Bei uns zuhause wurde immer gerne und lecker gekocht, sowohl meine Freunde als auch die Freunde meiner Eltern waren stets herzlichst eingeladen, sich zu uns an den Tisch zu setzen, um gemeinsam zu essen.

Nach der Schule habe ich eine Ausbildung zum Koch absolviert und mich danach als staatlich geprüfter Lebensmitteltechniker weitergebildet, in zahlreichen und renommierten Restaurants gekocht, unter anderem in Frankreich, Österreich und England.

2009 habe ich mich entschieden auf alle tierlichen Produkte zu verzichten und ernähre mich seitdem vegan.

Ich bin 39 Jahre alt, verheiratet, vierfacher Vater, engagiere mich als VEBU-Chefkoch, gebe Kochkurse für Kinder und Erwachsene, brutzele in meiner eigenen Internet-Kochshow und unterstütze, als Schulungskoch im Rahmen des VEBU-Projekts „GV-nachhaltig", Gemeinschaftsgastronomen bei der Umstellung auf eine pflanzenbetontere Küche. Außerdem versuche ich als Showkoch immer wieder, zahlreiche Besucher auf Großveranstaltungen wie der „VeggieWorld" oder dem „Veggie Street Day" von der veganen Küche zu begeistern. Meine veganen Gerichte werden aus frischen, pestizidfreien und überwiegend regionalen Produkten frisch gefertigt. Ich verzichte auf künstliche Geschmacksstoffe und Aromastoffe.

Wenn ich koche, stehen die Gemeinsamkeit mit anderen Menschen (zum Beispiel bei meinen Kochkursen) und der Spaß am Zubereiten im Mittelpunkt. In diesem Kochbuch findet ihr raffinierte, kreative und fleischfreie Gerichte, sowie Tipps, wie man mit hochwertigen Lebensmitteln, Kräutern und Gewürzen richtig umgeht. Für viele Menschen ist veganes Kochen mit Verzicht gleichgesetzt, doch vegan zu kochen ist eine Bereicherung des kulinarischen Genusses. Vegan zu leben ist für Menschen, Tiere und unsere Umwelt ein Gewinn. Kochen ist sehr viel mehr als pure Nahrungszubereitung, es verkörpert Leidenschaft, bewusstes Leben und gemeinsames Erleben.
Das ist es, was ich den Leser_innen dieses Buches vermitteln möchte.

Danksagung
Ich würde gerne meiner Frau Melanie (für ihre unendliche Geduld mit mir), unseren Kids Lisa Marie, Anna Sophie, Fenja Zoe, Paula Charlotte und Lotta Fee, meinen Eltern Rainer und Monika, Franz und Traute, Marius, Maik und Linda, Daniel, Gabi und Helle, Familie Keller, Dr. Norbert Knitsch vom TAG Theater Rhauderfehn, Susanne und Anna, Dagmar, Hannes, dem Eckmeier-Clan aus dem Kohlenpott, unserem

aus dem Kohlenpott, unserem Veganen Stammtisch Ostfriesland, Familie Neumann aus Leer, den Mädels und Jungs vom Budo Nüttermoor, meinem Sensei Hartwig Tomic, Markus von Little Harbour Tattoo, dem VEBU, Bernd Drosihn von tofutown, Sebastian Bete von der OZ, heimatLIVE, Thomas Huhn und dem Team der VHS Leer, Vegetarisch Fit, dem Team von Kochen ohne Knochen, cinemadirekt Berlin, Keimling, der Albert Schweitzer Stiftung, der Stadt Leer und allen Menschen und Rock 'n' Rollern, die mich in meiner Arbeit unterstützen – ohne euch (ich liebe euch alle! ;-)) wäre dieses Buch wohl nie entstanden – danken!

Daniel Heinzelmann
vom Hobby- zum Food-Fotografen

Ich bin 28 Jahre alt, habe Maschinenbau studiert und meine Tätigkeit als Food-Fotograf für dieses Kochbuch begann mit einem Burger. Dieser von Jérôme an einem Infostand zubereitete Burger kam mir beim unArt-Sommerfest im vergangenen Jahr vor die Linse. Als Jérôme die Bilder sah, fragte er mich, ob ich mir vorstellen könnte, die Fotos für sein Kochbuch zu machen. Anfangs war ich noch recht skeptisch, da ich keinerlei Erfahrung im Bereich Food Fotografie hatte und auch außer einer Kamera nichts an Ausrüstung vorhanden war. Nichtsdestotrotz trafen wir uns, um die ersten Probeaufnahmen zu machen. Nachdem von fast allen Seiten positives Feedback zu den Bildern kam, war klar, dass Jérôme und ich zusammen dieses Buch machen würden. Was mich persönlich am meisten überrascht hat, war, wie sehr man die eigene Entwicklung in den Bildern sehen kann. Mit jedem Shooting sahen die Bilder anders – besser – aus.

Alle Bilder entstanden bei Jérôme in der Küche und im Wohnzimmer. Es wurde komplett ohne Food-Stylisten und künstliche Hilfsmittel gearbeitet. Alle Gerichte wurden im Anschluss gemeinsam mit Freund_innen verspeist.

Für die Fotos und Gerichte dieses Kochbuches wurden keine Tiere verletzt, gequält oder getötet.

Danksagung
Ich möchte mich vor allen Dingen bei folgenden Menschen bedanken: Meinen Eltern Martha und Ewald, Jérôme und den wilden Eckies, Manuel und Eva, dem veganen Stammtisch in Ostfriesland, Jakob, der WG 25, dem VEBU und der Albert Schweitzer Stiftung, Dirk S., dem Team von roots of compassion und der Lisl.

LEBENSMITTEL

ÖKOFAIRE T-SHIRTS

mensch_tier
Hartmut Kiewert

SCHUHE

BÜCHER

HOODIES

TASCHEN

roots of compassion

not-for-profit vegan activist collective

Online bestellen oder vor Ort in Münster einkaufen.

www.rootsofcompassion.org